一位民企党委书记的工作笔记

走过最后一公里

陈 理◎著

上海远东出版社

图书在版编目（CIP）数据

走过最后一公里：一位民企党委书记的工作笔记 /
陈理著. —上海：上海远东出版社，2024
ISBN 978-7-5476-2030-4

Ⅰ. ①走… Ⅱ. ①陈… Ⅲ. ①中国共产党—民营企业
—党的建设 Ⅳ. ①D267.1

中国国家版本馆 CIP 数据核字（2024）第 102019 号

选题策划　陈占宏
责任编辑　陈占宏
封面设计　刘　斌

走过最后一公里：一位民企党委书记的工作笔记

陈理　著

出　　版　上海远东出版社
　　　　　（201101　上海市闵行区号景路 159 弄 C 座）
发　　行　上海人民出版社发行中心
印　　刷　上海颛辉印刷厂有限公司
开　　本　710×1000　　1/16
印　　张　16.75
字　　数　225，000
版　　次　2024 年 12 月第 1 版
印　　次　2024 年 12 月第 1 次印刷
ISBN　978-7-5476-2030-4/D·51
定　　价　98.00 元

自　序
试验田笔记

　　我在动笔写作这本书的时候，曾经无数次的自问：到底写给谁看，谁是主要的阅读者？据我多年观察，社会上对民营企业党组织的了解并不多，这是一项政治与经济的严肃互动，一点也不好玩，更没有娱乐性。最后我把阅读者定位为基层尤其是民营企业的党务工作者，围绕这个群体最关心的三个问题。我自信具备交流的优势，可以完成这项探索实践民营企业党建的美芹之献。

　　最直接的三个问题是：为什么民营企业要成立党组织？党组织与出资者的关系怎么处理？党组织应该如何开展工作？

　　我把自序作为本书的提要。

一、民营企业最高"级别"党组织在上海成立

　　作为中国共产党诞生地的国际大都市，上海在民营党建领域实施了一系列有成效的创新，指导基层党组织展开了波澜壮阔的群体实践活动，我有幸参与其中。"中共均瑶集团有限公司委员会"作为中共党建的试验田，以充满活力的新探索新实践新收获，在国际大都市留下了微观的耕耘纪录，成为新时代一面闪耀的折射镜。时间回到20年前。

　　2004年6月1日，新华社上海电：拥有6.2亿元个人资产的企业家

王均瑶虽然不是党员，却决定让自己的企业成为中国共产党党建的试验田。中共均瑶集团有限公司委员会在上海成立，这是目前中国私营企业中"级别"最高的党的委员会。

在上海 29 万户民营企业中，这是首家直属于中共上海市社会工作委员会的民营企业党委。

成立大会在肇嘉浜路 789 号上海均瑶国际广场 32 楼会场举行，时任上海市委副书记王安顺、市委常委组织部部长姜斯宪为"中共均瑶集团有限公司委员会"揭牌，接着，董事长王均瑶将象征引领政治方向的"金舵"交到了我这位党委书记手中，我们双方签署了《关于中共均瑶集团有限公司委员会参与企业干部管理的委托书》，开启上海市民营企业在党的建设方面的实践历程。时任总裁王均金现场见证了这一历史时刻。

市委领导在讲话时提出要求："均瑶集团党委要按照党章的要求，贯彻党的方针政策，政治引领企业发展方向，促进企业健康发展。"

新华社报道解释了级别"最高"的含义：早在 1998 年，民营经济发达的浙江省出现了第一家民营企业党委——中共传化集团有限公司委员会。不过，这家民营企业党委是由当时的萧山市委委托当地的乡镇党委负责日常管理的。均瑶集团党委属于直辖市大口党委直接管理，这意味着党建领域的一个新突破，成为中国道路、上海实践的一个典型案例。

"级别"最高的党建试验田就这样启动了。

当庄严的旋律结束的时候，我与王均瑶对望了一眼：这回玩大了——潜台词是：开始了！没有退路！

民营企业家的优秀者选择党建，有时代的原因和企业的需求。详见本书第一章"寻找路标"。

二、党建试验田"试"什么？

王均瑶在办企业开始冒尖的时候，一门心思想跟上时代的步伐，蹚出党建路子。我们在筹建的时候，就认定了"不玩概念"的共识，扎扎实实求发展，真真切切搞党建，将党的主张落地，这项工作做细做实了，还真的破解了普遍性的难题："组织活动能不能跟生产经营结合？""工作怎样才能得到出资人和职工的认可？""怎样做强做实做细党建？"均瑶党建的实践将这些难题——解决。

20年来，从王均瑶到王均金，都很看重这件事，不懈怠、不松劲，像经营业务一样用力，像经营品牌一样用心，真正做到锐意开拓、积极进取，一笔一画认真书写答卷。实现了企业平稳过渡，主要出资人切身感受到"有没有党组织确实不一样"，企业进入了高速发展阶段；企业党建工作从融入到融合，从融解到融化，经历了"物理结合"到"化学反应"的嬗变，发挥出"执着坚守、和谐共进、锐意创新、有为有位"的实质性作用。实现了"党建强、发展强"目标：企业规模和税收贡献双双跃居上海企业百强榜单，三位企业创始人全部获得全国"优秀中国特色社会主义事业建设者"称号。这就是一个民营企业党建的环境，也是我在大型民营企业党委书记长期任职的原因！本书第二章"双向奔赴"细叙因由。

三、党务工作者如何开展工作？

这得从"红色CEO"说起。

"红色CEO"是二十世纪初温州组织部门对民营企业党组织书记的形象称呼。当时，民营企业需要党组织书记，组织部门就牵头在全国范围内进行公开招聘。

温州被称为"温润之州"，是中国山水诗的发祥地、中国南戏的故乡、中国重商经济学派的发源地以及中国数学家的摇篮。独特的瓯越文化，遇上改革开放，孕育出了"四千精神"（走遍千山万水、说尽千言万语、想尽千方百计、吃尽千辛万苦），"两板精神"（白天当老板，晚上睡地板）。

我有幸在二十世纪八、九十年代，参与了"温州模式"实践，这场实践的核心就是"实事求是"！就是"放"！主角就是百万走南闯北、辛勤致富的温州人，改变了贫穷面貌创造了奇迹。先行致富的传奇吸引了国家领导人、社会学者、经济学人接踵而至，探索脱贫致富的奥秘。我当时在《温州日报》负责农村经济报道，参加了政府和民间的无数次会议和论坛，采访了一百多位致富带头人，深度体验到创新、创业的智慧和力量，汲取了挑战困难的勇气。

新世纪之交，温州企业家如"鲤鱼跃龙门"会师上海滩。开私人包机先河的王均瑶新增了"全国政协委员"的头衔。他专程在温州机场贵宾厅约见了我，诚恳地发出"帮忙"的邀请。我在温州日报党委的支持下，转岗来到上海开始了全新的实践，在优秀企业家的带动下，做成了这件有意义的事。

长期以来，我始终思考着以下两个问题，并进行了认真的实践：

一是"党建任务单"如何兑现？

二是"党组织最怕什么？"

党建工作是一项严肃的政治任务，要做什么，怎么做？也就是怎样兑现承诺？这个问题长久考验着民营企业党组织书记。

在企业，党组织与主要出资人的互相信任支持——同耕一亩地，这就是民营企业党建的双向奔赴！

党组织融入企业，构建党员先锋示范平台，主导建设有特色的企业先进文化，"规定动作不走样，自选动作有特色"。这是党组织发挥作用的优势所在。"规定动作"要做得完满并非一蹴而就，需要党组织长期的自律自强，有作为求地位。这是创新"自选动作"的前提。

毛泽东曾经说过："世界上怕就怕'认真'二字，共产党就最讲认真。"这句话放在民营党建场景就成了，"民营党建怕就怕'组织力'三字，新时代最需要组织力"。民营企业党组织要敢于打破"先天不足"的宿命，用力、用心、持之以恒地加强组织力建设，将党的主张化作强大的组织力，用全部资源来建设牢固的战斗堡垒。详细内容请阅本书第四章"六大品牌"、第五章"建章立制"。

四、向党中央提一个建议

我曾经向组织部门提出过一个建议，呼吁党中央制定"中国共产党民营经济组织条例"，来规范和促进民营经济组织的党建工作。

党的建设贯穿着建章立制，最高的是《中国共产党章程》，根据重要性依次是条例、规定、办法等。截至 2022 年 6 月，全党现行有效法规共 3 700 多部，尚不包括地方出台的文件。其中针对民营经济组织的文件不断增加，这极大地促进了民营经济组织党建工作。

对于任何事务，越是针对性地指导，促进就越大。当下民营经济组织"界定"尚存在不少的空白地带，比如民营企业党委书记算不算"党员领导干部"？需不需要定期组织学习？怎样解决民营企业党组织尤其是大型企业党委书记远离体制之外，严重缺乏政治资源的现状？等等。

对于党内法规作出的有利于促进民营经济组织进一步发展的明确规定，目前大家普遍按照各自的理解自行其是，可做可不做，缺乏监督和任务的刚性，不利于民营经济组织党建工作的稳定和持续发展。

借此机会，我再次向中央提出建议，对民营经济组织暨民营企业党组织的定位和工作方法、任务，出台更细、更具操作性的条例或办法；对大型民营企业党组织建立直管机制，定期组织这些企业的董事长和党委书记到各级党校培训；建立健全政府机关干部与民营企业经理人双向挂职机制，全面促进这个庞大群体的党建工作。

"雨深一尺春耕利，日出三竿晓晌迟"。从中央到地方加强了全网络的建设，正是民营企业党建深化推进的好时机。

本书从一个具体的企业党建的实践思考，小角度地反映上海国际大都市基层党建，采用"亮点式"的编年结构，重点介绍"党建工作法"和党建品牌矩阵的形成过程和运行机制，反映了民营企业党建工作的多样化、复合性。

本书的"试验田记录"未完待续。她给我们四方面的启示：一是，党建工作必须依托党的执政体系与执政资源有效推进；二是，党建工作是党的基层组织建设的一项创新性工作，必须不断把握规律，灵活探索；三是，党建工作必须与经济社会发展同步推进，同轴运转，在新时代要有更高的要求和更精确的措施，企业党建与社区党建、楼宇党建同频共振、同向发力、共同推进；四是，党建工作必须理论与实践相结合，既要鼓励理论研究者深入基层第一线，又要激励基层一线实践者善于总结经验，寻找企业健康发展的普遍性规律，形成由点及面整体推进的制度优势，一起联通"最后一公里"。

我似乎看到民营经济组织党建工作持续走向稳定、创新、持久，走向常态化，这必将有力地推进民营经济组织健康发展！

2024 年 6 月

目　录

第一章
寻找路标

习近平总书记指出："要积极推动民企党建工作探索，因地制宜抓好党建、促进企业健康发展。""民营企业搞党建不是一种形式的、功利的想法，要真正拥护党的理念，做到心中有党。"

随着改革开放的深入，民营企业不断发展壮大，已经成为我国经济社会发展不可或缺的重要力量。它们在促进经济增长、扩大就业、增加税收等方面发挥着重要作用，是推动我国经济社会发展的重要引擎。

纵观改革开放以来我国民营经济发展壮大的历程，其发展始终离不开党的领导，和党的政策同向、和国家命运相连，一步都离不开国家大政方针。全国民营经济党建在推动民营经济健康发展和民营企业治理现代化方面，正发挥着越来越重要的作用。

然而，相对其他党建领域，由于民营企业的特殊性质和发展环境，其党建工作相对较为薄弱。目前民营企业中的党建工作仍处于探索阶段，面临着诸多挑战和困难，成了基层党组织建设的重点和难点。我们仍然需不断探索和实践，创新党建工作思路和方法，为民营企业的可持续发展提供有力支持。

民营企业是我国经济发展的重要组成部分，加强其党建工作是推动企业健康发展的重要保障，对于促进企业健康发展、维护社会稳定、推进全面从严治党等都具有重要意义。我们要深刻认识到，党的领导是中国特色社会主义的本质特征，因此，开展和加强民营企业党建工作，是执政党的内在要求之一。

基层党组织是贯彻落实党中央决策部署的"最后一公里"，党建的重点就是打通这"最后一公里"。当前面临的主要问题是循着党中央指引的路标，走进基层解决问题，形成场景。

第一节　民营经济党建的特点和现状

非公有制企业是指归我国内地公民私人所有或归外商、港澳台商所有的经济成分占主导或相对主导地位的企业。按照我国现行法律，非公有制经济主要包括个体经济、私营经济、港澳台投资经济、外商投资经济以及混合经济中的非国有成分和非集体成分。

作为非公有制企业的一部分，民营企业是我国经济发展活力和竞争力的重要组成部分，主要由民间私人投资、经营，并享受投资收益和承担经营风险。其实中华人民共和国法律中并没有"民营企业"的概念，至今仍是按照所有制来划分的。2013 年 11 月党的十八届三中全会民营经济的提法才正式进入中央文件；2022 年 10 月二十大以后，在党中央和国务院的文件中，民营经济和民营企业完全取代了之前"非公经济"和"非公企业"提法，开始用经营方式来区分经济和企业分类。

"党组织在非公有制企业的地位问题，实际上是党组织同企业、企业主、职工群众的关系问题。""企业主在企业当中有着天然的权威，因而非公党建工作的成效在很大程度上主要就取决于业主对这项工作的评价及配合程度。"（王河主编：《中国非公有制企业党建工作》，上海人民出版社，2002年。）

"非公党建中的一个重大难题是取得企业家的信任与支持，因为非公企业在所有制性质、产权关系、经营方式、领导体制和运行机制等方面的特质，导致非公企业的党组织不能拥有国有企业党组织那样明确的功能定位，党组织不能像国有企业那样干涉企业发展，影响企业绩效，造成人员臃肿。党组织嵌入非公企业的过程中，企业家的角色定位会出现偏差，有的消极应对，有的积极迎合，有的基于组织惯性的考量继续允许党组织长期存在。"（《从"戴红帽子"到"多元主体共治"：非公党建中企业家的行动逻辑》，邱观建、付佳迪，《社会科学研究》2016年第1期。）

企业主均需接受党组织的嵌入，但嵌入后能否成为企业系统的一部分，能否发挥党组织的"战斗堡垒"作用，还须企业家说了算。所以，在党组织发挥作用的层面，企业家的作用得以突显。

目前，民营企业的党建工作得到了民营企业家的普遍拥护和支持，得到企业主和高管的理解和支持，外部环境越来越好。一些企业设置了专职党委书记，一些企业党委委员进入了高管班子，还有的成立了党委工作机构，配备专职党务工作者。有些民营企业会按照比例列支党建活动经费，建党员活动室等，全面解决相关的保障问题。

"各地完善非公企业党组织发挥实质作用的制度机制，北京、浙江、深圳等地推动企业建立完善党组织与管理层共学共商机制，安徽、浙江临海等地推进党的理论进企业、党的建设进章程，内蒙古乌海、杭州萧山区等地促进党组织班子成员与经营管理层双向进入，新疆阿克苏地区、福建福清等地注重把业务骨干培养成党员、把党员培养成业务骨干，推动生产一线活力涌动。理顺行业协会、学会、商会党建工作管理体制，压实行业管理部门、业务主管单位党建工作责任，探索加强对行业协会、学会、商会负责人的政治审核和日常监督。广东、广西等地持续完善区域党建和行业党建'两张网'工作机制，引领保障行业协会、学会、商会规范运行、健康发展。"（《2023 年组织工作盘点·基层党建》，公众号"共产党员"，2024 年 2 月 7 日。）

但与此同时，也有一部分企业主对党建工作认识不到位，把党建工作当作一种标签或摆设来应付，没有真心支持党建。

目前，民营经济党建的现状呈现出以下几个特点和趋势：

（一）组织覆盖面逐步扩大

随着民营经济的蓬勃发展，民营企业党组织数量不断增加，组织覆盖面逐步扩大，这些都为党建工作提供了坚实的基础。

长期以来，全国各地纷纷加大新兴领域党建工作的力度，致力于完善民营企业党组织发挥政治核心作用的制度机制，进一步理顺行业协会、学会、商会等组织的党建工作管理体制，从而持续扩大党的号召力、凝聚力和影响力，确保党的领导在新兴领域中得到全面加强和有效体现。

以上海市民营企业 100 强中的浙商企业为例。这些企业全都先后建立了党组织，而其党组织的发展壮大，也伴随着企业的发展壮大。这方面的典型包括均瑶集团党委、万丰集团党委、复星集团党委、大众交通党委、正泰电气党委、圆通速递党委、天通股份党委，等等。

此外，这些企业的党组织一般都是省市乃至全国先进党组织。党组织在民企有没有地位，关键取决于定位是否准确。这些企业都有一个共识，就是把党组织定位为"五心人"，即企业发展的有心人、关爱党员的热心人、维护权益的贴心人、客户需求的知心人、"两个健康"的用心人。大家都信奉那句"口头禅"：党建工作做细了就是凝聚力，党建工作做强了就是竞争力，党建工作做好了就是生产力。

（二）活动形式多样化

民营企业党组织结合企业实际，开展了形式多样的党建活动。

民营企业紧密结合生产经营发展实际，积极推行党员先锋岗、党员责任区等做法，开展党员专家工作室创建、师徒帮带等工作，积极创造人才成长的良好环境，增强了党组织的凝聚力和战斗力。企业把党建工作融入企业生产经营发展全过程，转化为企业的发展优势，并充分发挥党组织战斗堡垒和党员先锋模范作用，扩大基层党组织覆盖面。

（三）政策支持力度加大

政府出台了一系列支持民营企业党建工作的政策措施，为民营企业党建提供了有力保障。

2004年8月下旬，时任浙江省委书记的习近平同志在绍兴调研考察时强调："在非公有制企业，要进一步做好在符合条件的企业中建立党组织的工作，重点把那些企业规模较大、影响也较大的非公有制企业的党组织建立起来。非公有制企业中已经建立的党组织，要按照党章的规定开展工作，发挥作用。目前尚不具备建立党组织条件的非公有制企业，要通过在优秀员工中发展党员、加强对企业主党员的教育管理、做好工会工作以及向非公有制企业选派党建工作指导员等办法，推动这部分非公有制企业的党建工作。"（《习近平在浙江（二十五）："习书记提出浙江党建工作的'八八战略'"》，《学习时报》2021年4月2日。）

此前，习近平同志已在浙江省民营经济工作会议上强调，要高度重视民营企业的党建工作，按照"班子精干高效、党员形象突出、政治优势明显、促进发展有力、自身建设过硬"的要求，积极探索民营企业党建工作的有效途径，不断增强党组织在企业中的渗透力、影响力和覆盖面，更好地发挥其在促进民营经济发展中的重要作用。由于习近平同志的高度重视和精心指导，浙江民营企业党建工作蓬勃开展起来。

党的二十大报告明确强调，要加强混合所有制企业、非公有制企业党建工作；要深化新经济组织、新社会组织以及新就业群体党的建设。

党在民营经济领域的全面领导正日益加强，不仅实现了对重点企业和区域党组织和工作的全面覆盖，更充分发挥了党组织在推动企业健康发展、团结凝聚职工群众方面的引领作用。党在民营经济领域的阶级基础和群众基础不断得到巩固和拓展，这也为民营经济的持续健康发展提供了坚实的组织保障和强大的动力支持。

第二节　当前民营经济党建的问题和挑战

我们讨论的所有前提是民营经济组织的党建。不是一般意义的党建。民营党建具有几个难点：

一是作为新事物，改革开放的产物，民营党建的存在也就只有40来年的时间。既然是新事物，就没有多少可以借鉴、参考、学习的模板。

二是处在新领域，民营党建区别于原有的企业党建成功案例，尤其是其产权归属的特点不可忽略。

党建和资产归属实际上是两股完全不同的力量。所以其中一个关键问题就是党组织的定位。作为党组织的代表，你不能将自己视为企业的执政者。我们是执政党在一个具体经济组织的中非执政者，是共产党的书记，尽管担任领导角色，但必须明确，我们不是产权的所有者，权力上不能超越董事会；万一超越了，那么企业必然乱套。我们是党的代表，因此不能随波逐流，而应该代表党来履职，在政治上起到引领作用。与原有的成功案例相比，新领域有其独特的特点和产权归属方式。在民营企业中，党委书记的职责与国有企业有所不同。他们不是企业主，因此在涉及"三重一大"（重大决策、重要人事任免、重大项目安排和大额资金运作）等事项时，必须明确自己的角色，不能越权。而在国有企业中，党委书记则代表政府或地方政府来监督国有资产，相当于是一个大股东的角色或者实际控制人的角色。他们需要在董事会之前发表意见，并拥有"三重一大"的特权。

总的来说，国有企业和民营企业的党建工作存在"五同五不同"。最大的不同就是资产的关系。这也带来了文化和行政方式的不同。

三是民营企业党建面对的是新对象，涉及与企业主的关系、员工的关系和社会的关系。

我一直认为，党委要处理好"十大关系"，即与出资人、业务、同事、社会、上级党组织、社区、其他利益相关者、品牌、宣传、社会责任的关系。

在民营企业中，党委书记与企业主是雇佣关系。他们是以从业者的身份参与企业运营的，这与国有企业的关系存在显著差异。因此，在党建工作中，我们需要明确各自的角色和职责，确保党建工作能够在新领域中发挥积极作用。

此外，民营企业党建的点滴作用不难在很多党组织那里找到，但是如何形成机制，难；长期坚持，难；追求完善，更难。这也是新时代对于党建提出的要求。

民营企业党组织的工作环境与传统国有企业有很大的不同，民营资本绝对控股，在日常经营活动中，出资者也处于核心的控制地位。民营企业党组织持久的面对避免"两张皮"，同种"一亩地"的挑战。一方面，民营企业也是中国特色社会主义的内在组成部分，党的工作是有空间能作为的；另一方面，又要清醒地认识民企党建基本没有国企党建体制内的环境条件，必须牢牢把握中国特色社会主义企业发展的内在要求，在叠加优势、创造价值方面站住脚跟。

一、国企民企："五同五不同"

除了"十大关系"，国企和民企党建工作的异同还主要表现在以下五个方面：

（一）"五同"

1. 同是在中国共产党的领导下

习近平总书记指出，党政军民学，东西南北中，党是领导一切的。党的十九大鲜明提出把党的政治建设摆在首位。无论是国有企业还是民营企业，都要坚持党的领导，都要始终把学习贯彻习近平新时代中国特色社会主义思想作为首要政治任务，深入学习贯彻习近平总书记重要讲话精神，巩固拓展党史学习教育成果，持之以恒加强党员理想信念教育，引导广大党员干部切实提高政治判断力、政治领悟力、政治执行力。

2. 同是经济组织

毫不动摇地巩固和发展公有制经济，毫不动摇地鼓励、支持、引导民营经济发展，党的十九大把"两个毫不动摇"写入新时代坚持和发展中国特色社会主义的基本方略，作为党和国家一项大政方针进一步确定下来。"发展是硬道理"，无论是国有企业还是民营企业，党的工作都要做到增强企业竞争力、创新力、控制力、影响力、抗风险能力，持续促进企业的生产经营，为企业带来更大的效益，帮助企业健康可持续地发展。

3. 同是现代公司治理结构

无论是国有企业还是民营企业，都是现代公司治理结构，都受到

《公司法》的制约。我国《宪法》明确规定了中国共产党在我国政治生活和经济建设中的领导地位。为了更好地发挥党的基层组织和党员在公司发展、经济建设中的作用，《中华人民共和国公司法》依据《宪法》规定的原则，对公司中党的基层组织活动作了进一步具体的规定：在公司中，根据中国共产党章程的规定，设立中国共产党的组织，开展党的活动，公司应当为党组织的活动提供必要条件。

4. 同是履行企业社会责任

建设社会主义核心价值体系，是企业的社会责任。企业在创造财富时，要坚持以人为本，科学发展，做到企业效益和社会效益最大化。企业的社会责任包括对股东、客户、员工、社会公益事业、环境资源的责任。无论是国有企业还是民营企业，在做好生产经营的同时，必须切实履行好企业社会责任。

5. 同是开展企业党建工作

无论是国有企业党组织还是民营企业党组织，都在按照《中国共产党章程》《中国共产党支部工作条例（试行）》《中国共产党国有企业基层组织工作条例（试行）》等要求，认真开展好组织建设、思想建设、党员队伍建设、干部选拔培养、党支部建设、党风廉政建设、党员管理、党员发展等党的建设工作。

（二）"五不同"

1. 党组织在企业中的地位作用不同

国有企业由国家投资，对国有资本所有者即全民所有人负有责任，直接对国资委负责，享有企业人、财、物的绝对控制权。民营企业由私营企业投资，对投资者负责，对股东负责。投资主体的不同，决定了国有企业党组织和民营企业党组织在企业中的地位作用不同。

国有企业党组织的主要职责是发挥领导核心作用，把方向、管大局、保落实，依照规定讨论和决定企业重大事项，"三重一大"的事项必须先经党委会讨论后再提交董事会。党员董事必须按党委要求行使权力。

民营企业党组织的主要职责是发挥政治引领作用，是党在企业中的战斗堡垒，在企业职工群众中发挥政治核心作用，建设企业先进文化，在企业中更多担任"经营参谋"角色。

2. 党组织的任务不同

《中国共产党章程》第33条规定：国有企业党委（党组）发挥领导作用，把方向、管大局、保落实，依照规定讨论和决定企业重大事项。国有企业和集体企业中党的基层组织，围绕企业生产经营开展工作。保证监督党和国家的方针、政策在本企业的贯彻执行；支持股东会、董事会、监事会和经理（厂长）依法行使职权；全心全意依靠职工群众，支持职工代表大会开展工作；参与企业重大问题的决策；加强党组织的自身建设，领导思想政治工作、精神文明建设和工会、共青团等群团组织。

民营经济组织中党的基层组织，贯彻党的方针政策，引导和监督企业遵守国家的法律法规，领导工会、共青团等群团组织，团结凝聚职工群众，维护各方的合法权益，促进企业健康发展。

3. 党组织的组织架构与企业法人（管理层）关系不同

国有企业"三重一大"的事项必须先经党委会研究讨论后，再由董事会或者经理层作出决定。党委书记、董事长一般由一人担任，党员总经理担任副书记，党委领导权力大于董事长和总经理。管理层讲制约、讲分权，讲究党政分工，遇大事讲程序、讲协商。

民营企业党组织一般没有进入公司组织架构主体的制度安排，大型民营企业党组织一般通过设立党委办公室等部门形式列入公司组织架构，很多中小型的民营企业党组织甚至还没有列入公司组织架构。民营企业董事长主要由老板担任，党委书记一般为聘任的职业经理人，老板政治素养、坚定支持与否成为民营企业能否搞好党建工作的关键。

4. 党组织获取组织资源的方式和支持力度不同

国有企业党组织按照规模大小直属地方党委和基层党委，拥有丰富的政治资源优势。民营企业党组织则不管规模大小，一律归属基层党组织，比如街道党工委、园区党工委等。民营企业党组织长期面临政治资源严重不足的困境，如党内文件阅读、党内学习培训、组织考察等机会没有或很少。民营企业党委书记长期游离于"体制外"。

5. 企业文化不同

国有企业一般委派干部代管国资，一纸文件换领导人，短期绩效大于长期绩效，管理方面倾向分权，企业战略稳中求快。民营企业讲究代代传承，主要投资人权力高度集中，拥有专权的天性，企业战略快中求稳。企业文化差异明显。

二、亟待解决的五大问题

除了前述几个"难"，包括"五同五不同"以及"十大关系"以外，民营经济党建在发展中还面临着其他一些问题，具体表现在：

（一）党建意识不强，党建工作重视不足

一些民营企业虽然也重视党建工作，但往往只是将其视为企业经营的一小部分内容，无法持续开展，也抓不住党建工作的重点。领导者在监督引导方面的作用发挥有限，导致党建工作的人力、物力、财力投入不足，其作用无法充分体现。

（二）党务干部素质偏低，党员参与度不高

虽然民营企业党务干部的整体素质优良，但个别人员的素质和能力

水平有待提高。有的党务干部年龄偏大、学历偏低，且可能兼职从事党建工作，精力不足，对党务工作缺乏热情和管理能力。这些民营企业党员对党建工作缺乏积极性，参与度不高，继而影响了党建工作的深入开展。

（三）劳动关系不稳定，党员作用发挥不充分

民营企业的劳动关系通常不够稳定，这影响了党员管理和党建工作的有效开展。许多民营企业发展时间短，不愿意与员工签订长期劳动合同，导致党员流动性大，党员活动的组织和教育培训工作难以有效进行。

（四）党组织建设不健全，管理和服务不到位

部分民营企业党组织建设存在一些不规范的现象，如党组织不健全、党员管理不严格、不经常开展党组织活动等，影响了党组织的正常运转。

还有一些企业在思想上存在误区，认为建立党组织会影响企业的生产和经济利益，因此缺乏建立党组织的积极性。由此看来，党建工作和服务宣传还不到位，对基础情况的调查不详细，缺乏对党建工作的深入研究和创新。

（五）缺乏行政权力依托，运行机制不顺畅

一些民营企业党组织在开展工作时，未能充分结合企业实际，导致党建工作与企业经营存在"两张皮"现象，即两者的融合还远远不够，缺少有效的责任权力的制约。因此民营企业的党组织在开展工作时就会面临困难，因为通常没有行政权力作为依托，这使得党组织在获取经费使用权和管理权等方面面临挑战。

综上所述，民营企业党建存在的问题多种多样，需要企业和党组织

共同努力，加强党的领导，提高党务干部素质，稳定劳动关系，加强党组织建设，创新党建工作方式，以推动民营企业党建工作的健康发展。

三、三把钥匙：做实，做细，做真

"两新"组织中开展的党建工作，面临的挑战主要体现在四方面：一是"有组织，没岗位"，组织管理结构不完善；二是"有书记，没队伍"，缺乏一支坚强的党务工作者队伍；三是"有责任，没考核"，容易产生形式主义且工作流于表面；四是"有职务，没描述"，缺少岗位责任具体描述。

解决问题如同开锁，而在如此众多的问题之中，我认为靠三把钥匙。那就是人们经常说的：做实，做细，做真。拆开来就是"求实创新、服务精细化、通俗化表达"，可以解决民营党建存在的主要问题。

（一）求实创新，砥砺前行

均瑶集团的企业文化强调"恒心、恒新"，持之以恒、持续创新是集团发展的核心动力。"敢于创新、勤于创业"，集团的发展始终与这种精神紧紧联系在一起。

董事长王均金非常重视绩效，他曾说过，党建也要进行数字化。我们的党组织在初创时期就明确了这一点，并在他的直接推动下，实现了党建工作的数字化管理。通过纳入 OA 系统，报销、管理等事务都实现了电子化处理，真正地将党建工作融入了公司的管理体系。我们的"五纳入"也因此才得以实现。

均瑶集团作为一家大型民营企业，在多个领域都有出色的表现，其成功的一个重要因素就是持续的创新精神，一直紧跟上海发展的步伐。

2015 年，上海正式将"建设科创中心"纳入发展规划，"五个中心"建设稳步推进，参与上海科创中心的建设也随即成为均瑶集团的

"必修课程"，科技创新作为企业第五大板块应运而生，先后开发了新材料、全动飞行模拟机、均瑶云等科创项目。

集团党委同样拥有这样的创新基因。

（二）服务精细化

启动创建服务型党支部活动

2013年，创建服务型党支部曾是均瑶党建工作中贯穿全年的重点项目。集团党委要求各支部以"服务企业、服务党员、服务群众"为目标，围绕"服务"立项目，重点培育一批先进党员和支部，发挥典型示范作用，让企业集聚"正能量"，全体党员以此汇聚力量、凝聚人心、做好先锋、促进和谐。

与许瑞薰（左）、王均金（中）共同为均瑶集团创建服务型党支部活动仪式启动水晶球

当年6月24日的"聚力量、凝人心、做先锋——均瑶集团纪念建党92周年表彰大会"上，举行了均瑶集团创建服务型党支部活动启动仪式，我作为均瑶集团党委书记，和上海市社会工作党委人力资源处副

处长许瑞薰、均瑶集团董事长王均金一起，共同为仪式启动了水晶球。

服务型党支部标杆项目

自从集团党委启动"聚力量、凝人心、做先锋"创建服务型党支部活动以来，以"服务企业、服务群众"为主题，与集团属资全部产业的党支部一起结合所在单位和部门工作共确立开展了 30 个项目。经过一年的实践和自评、测评、支部演讲、专家评析、党委总评等环节，最终选拔出有代表性的 10 个标杆项目加以推广。

2014 年是党的十八大提出的创建服务型党组织的第二年，按照上海市社会工作党委的要求，集团党委根据企业实际确定了"服务企业、服务群众"的主体聚焦，设立攻克急难险辛的项目，以项目促进企业创新发展，实践中呈现出三大特色：贴近发展需要，一线岗位的党员群众出题目；立足岗位深挖细掘求突破；高处立意讲述生动故事。

精细化与场景化

什么叫精细化？按我的理解，精细化其实就是事情要做到位。前提是要符合公司的利益，要将党建工作融入、融合、融解、融化进公司治理和企业文化中，在具体的业务上要精细。

举个例子。党员工作室，表面上看只有 5 个字，但若把它掰开，后面生成的东西就很多了。（1）打破科层制，通俗地讲就是下级可以"领导"上级。因为党员工作室可以用领衔人自己的名字命名，这也是一种荣耀和个人品牌。领衔人可以招募一帮志同道合的人，建立一个党员工作室。成员既可以是你的上级经理，也可以是你的下级员工。（2）还可以打破条线、打破部门。比方说，虽然领衔人在我们航空公司的飞行部，但也可以到飞行标准部里拉一个同事过来。这些特点注定了这个组织一定会是全新的、富有生命力的。这就是我们所说的精细化。

（三）通俗化表达：简单、易懂、有趣

正如我曾说过的，记住 1 000 个党员名字一样，表述时总归应该有

"闪光点"。又如，我在均瑶实训党校讲课的时候，其他的主题都被别人讲掉了，我就讲"五同五不同"和"十大关系"。这个话题，我可以讲半个小时，课堂气氛马上就热烈起来。

如果想知道自己讲得有没有效果，就看底下有没有人提问。没提问，基本上就表示人家没动心；提问，就说明挠到了人家的痒处，因此产生了互动。讲课效果如果好，那么听众就会听得欲罢不能，并且争先恐后地提问。

习近平总书记在 2020 年 6 月 29 号讲话中提到的，基层党组织是贯彻落实党中央决策部署的"最后一公里"。党建的重点就是打通这"最后一公里"。这就是中央和习总书记的"通俗化表达"。

我是一个基层的党建实践者，倾向于解决问题，很现实。我们看到一些党建方面的理论文章不少，专家往往鸿篇大作，却不能满足基层的需求。基层确实需要理论但更需要实践案例，以及案例的详解。基层党建工作需要活的场景、活的故事、活的人物的滋养。

其实我在前面所说的求实创新、服务精细化和这一节的通俗化表达都是一致的，是目前党建工作需要亟待解决的三个问题。求实创新是精神理念，精细化是做事情到位，通俗化表达是一种表达方式，是最高级的融合融通。这三点不仅中央有要求，站位较高的企业自身也有需求。

第三节　实践亟需"方法论"

"非公有制企业党建工作的必要性和重要性，是由现代政党的目标追求及非公有制经济对我国经济社会发展的重要贡献所决定的。""开展非公有制企业党建，其重要意义在于培育、提高非公有制经济组织雇用工人的公民意识和政治素质，它包括社会主义民主政治的权利观念、国家观念、法律观念、政治主动性、政治组织观念、政治活动的训练和经验等等。这是一个不断学习、训练的过程。"（王河主编：《中国非公有制企业党建工作》，上海人民出版社，2002 年。）

党建在民营企业中具有不可或缺的必要性和重要性，是企业自身发展的必然要求，具有深远的战略意义。通过加强党建工作，可以推动民营企业的健康发展，为我国的经济社会发展作出积极贡献，在复杂的牌局中打出精彩的好牌。

一、新问题叠加

党建在民营企业中的作用主要体现在以下几个方面：

首先，民营企业党建是适应经济社会结构多元化和劳动力流动的客观需要。随着改革开放的深入，民营经济迅速发展，已经成为我国经济的重要组成部分。党建工作可以使民营企业更好地贯彻和落实党和国家的方针政策，把握正确的发展方向。此外，民营企业吸纳了大量的就业人口，特别是在新增就业单位中占据重要地位。因此，加强民营企业党的建设，是继续发挥党的战斗力的需要，也是确保我们党具有稳固根基的需要。

其次，民营企业党建能够提升企业吸引力，激活企业内生力。建立党组织不仅可以让党员及职工感受到组织的温暖，增强他们的归属感，还有助于培养他们的社会责任感和使命感，提升企业的社会形象和品牌价值。同时也可以在关键时刻激发党员的先锋模范作用，为企业发展贡献力量。此外，党建工作还有利于扩大企业影响力，塑造企业文化软实力。

企业文化是社会文化在企业的缩影。民营企业党组织对企业的文化建设负负有义不容辞的时代性责任。通过党建活动，企业可以树立良好的社会形象，提高信誉度，进而促进企业的长期发展。

再次，民营企业党建是加强和创新社会管理、构建和谐劳动关系、促进社会和谐的需要。通过党建工作，可以引导企业积极履行社会责任，参与社会公益事业，推动企业与社会的和谐共融。同时，党建工作还可以促进企业内部的沟通与合作，有助于加强民营企业的组织领导力，增强员工的凝聚力和向心力，为企业的稳定发展提供有力保障。总之，党建工作有助于引导民营企业与员工、企业与社会构建和谐的共生关系，激发各方面的积极性、主动性和创造性。

最后，民营企业党建之所以很有必要，且十分重要，还体现在关键时刻经常发挥惊人的作用。这种作用不仅体现在引领企业正确应对各种风险挑战，保障企业的稳定发展，更体现在凝聚员工力量，共同推动企业社会价值的实现。在面临重大考验时，民营企业党组织能够迅速响应，发挥战斗堡垒作用，确保企业决策的科学性和有效性。同时，党员们也能以身作则，发挥先锋模范作用，带动全体员工共同克服困难，实现企业的各项目标。因此，加强民营企业党建工作，对于提升企业核心竞争力、推动企业健康发展，并使其成为企业健康发展的内在需求，甚至建立自己的党建品牌，具有重要意义。

关于民营企业党建领域所面临的新挑战，我们当前面临的主要问题是"最后一公里"的落实问题。

党建人员最需要的主要是理论指导和实际案例的支持。虽然已有理论指导，但这些指导并不够深入和到位，其效果也缺乏结合基层实际情况进行的同步评估。

全国范围内大约有千余种党报党刊，包括中央级、省级和地级。其中，上海的一些理论杂志如《宣传通讯》等在党建研究方面做得非常出色，由其推荐的好文章经常发表在《解放日报》《文汇报》上，当然大量的还是在各类党建通讯上刊登。然而，在这些文章中，50%的内容来自组织部门，30%来自大专院校，近20%来自央企和国企等其他单位，而民营经济领域方面的内容极少。

我们非常需要针对民营企业的党建工作进行更多的理论指导和案例支持。一方面，民营企业的党建工作呼唤制度创新，而不仅仅是简单的制度互换；另一方面，我们也面临着党组织软弱涣散和党员积极性不高的问题，党员不能发挥先锋模范作用的情况仍然比较普遍。这在很大程度上就是所谓的"干的人不说，说的人不干"。

民营企业党建工作是新领域，面临着许多新情况新问题，如何正确把握这些新情况，探索和解决这些新问题，必须从提高党的执政能力、掌握执政规律的高度来认识。因此，探索党员管理工作的新机制、新方法成了目前的当务之急。

二、"均瑶党建工作法"

基层党组织的干部们并没有将发表理论文章或作报告当成自己的重要标志，而组织部门和相关部门也往往只说不做。这导致了一个现象：从他们的角度来看，他们是在努力实践，但从社会的角度来看，却似乎缺乏全方位的行动和效果。

关于民营企业的党建发展，我们并非仅仅追求制度的简单互换，而是强调自主创新。这个议题虽然广泛，但我坚信通过我们的努力，能够率先探索出有效的党建方法，例如我们已有的"均瑶党建工作法"，明确了"一引领、二服务、三满意、四结合、五纳入"等，都是制度创新的体现，是民营企业党建工作的方法论。

"一引领"指政治引领，引领企业发展方向，引领企业为社会创造价值，建国际化现代服务业百年老店。党委充分发挥"政治知己、经营参谋"的作用，促进企业和企业家的健康成长，政治引领企业在中国特色社会主义道路上行稳致远。三位公司创始人全部荣获全国"优秀中国特色社会主义事业建设者"荣誉称号。

"二服务"指服务党员、服务社会。党委建立"党委人才库"，实施"把骨干培养成党员，把党员培养成骨干"的"双培养"机制，推出均瑶党建实训学校、"同舟汇"党群服务站、"党员工作室"、"党员认领项目"等党员发挥作用的功能型平台，鼓励和支持党员通过平台发挥先锋模范作用。

"三满意"指上级党委满意、投资者满意、职工满意。出资人与党组织双向奔赴，聚精会神搞好党建工作。积极参与各种公益活动和慈善事业，不遗余力地投入抗疫、扶贫等国家重大任务，以实际行动践行企业社会责任。在职工中推行主人翁精神，鼓励职工岗位创先争优、贡献企业；完善职代会制度，推进民主管理，多渠道听取职工的意见和建议。

"四结合"指将党的理论与企业文化建设相结合，将工作定位与理顺生产关系相结合，将党建与品牌建设相结合，将政治知己与经营参谋相结合。党委建立健全党委委员季度学习制度、党政联席会议制度、党组织参与企业重大事务研究（决策）等制度，助推企业健康、稳健、可持续发展。

"五纳入"指党的工作机构纳入企业治理结构，党员先进性纳入企业绩效考核体系，党员和员工的思想教育纳入品牌建设，党务工作经费纳入年度预算，党的工作纳入企业年度工作计划。建立书记办公会制度，"三会"代表常任制度，解决日常工作难题。将党组织纳入公司组织架构。

三、《党建工作标准手册》

《党建工作标准手册》是民营企业党建工作的"葵花宝典"。

最早可追溯到 2008 年。当时为应急之需，也就是基层支部亟需，编撰了《均瑶集团基层党的工作指导手册》，就像肚子饿了随便弄一个吃的，所以这本手册汇编了一些会议资料和党内基本规章。到了 2012 年 3 月，组织规模扩大了许多，对手册的要求也高了许多，党委牵头组织了几个人开始调研，完全打破了原先的格局，增加了许多内容，扩大了很多功能，其中最大的改变就是实用性增强，一是完全活页，二是 68 幅表格，且每幅表格标明了缩放比例，定名为《均瑶集团党务工作者执行手册》。

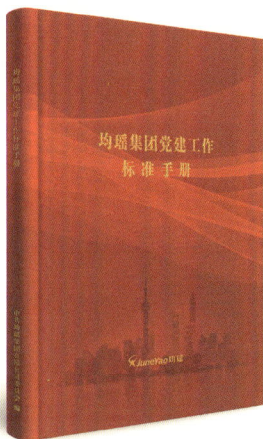

《党建工作标准手册》是民营企业党建工作的"葵花宝典"

为了夯实党建工作的有效性和党务基础，我们在党建工作的规范性和有效性上一直在积极进行探索和实践。按照新时代企业党建工作的新使命、新任务，均瑶集团再次从实践需要着手，并广泛调研借鉴了优秀企业的做法，于 2021 年 6 月编制《均瑶集团党建工作标准手册》，作为建党百年的献礼。《均瑶集团党建工作标准手册》着眼点从初始的"指导"到"执行"再到"标准"，着重增加了执行的刚性，突出了数据要求，制定了"党务人员专职、兼职"的标准，确保无论何时何地，党建工作有人做、有保障、有考核，把基础工作一步步做实、做真。均瑶集团党委在标准化的基础上落实"一引领、二服务、三满意、四结合、五纳入"的党建工作法，形成理念上、制度上、方法上的全链条衔接。《均瑶集团党建工作标准手册》使得党建工作有章可循，党务工作工具在手，从标准上推进党组织和党员高质量发展，持续、坚定地发挥政治引领作用，促进企业高速健康发展。

为了解决"最后一公里"的难题，我们需要更多的理论指导和案例支持。我个人也带头进行了实践。形成一股强大的势头，来推动民营企业党建工作的全面发展。我认识到目前的工作，更多的是一种自我驱动和自我实践，旨在为自己找到一个明确的定位和方向。未来，我们希望能够吸引更多的人加入这个行列，共同推动民营企业党建工作的创新与发展。

总之，均瑶集团党委之所以创新性地制定《均瑶集团党建工作标准手册》，就是为了打造一支优秀的党务工作者队伍，针对盲点和灰色地带落实制度保障。而要想发挥党建工作对于企业发展的助推作用，党务是基础，党建是作用，也要切忌为党务而党务。

四、做实每一个细节

我们在刚刚起步的时候，就准确判断有三种人对民营企业党建感兴趣。

一是各级党委，它们是职责所在，面对快速增长的民营经济，迫切地要了解并给予指导；二是民营企业自身，它们期盼通过党建来摆脱长期游离于制度的"边缘化"，更好地融入发展的大潮；三是其他各类组织，由于长期的体制差异形成的隔阂，它们对这个领域的功能了解甚少，按照经验进行参照比对的时候，就发现了大而有趣的差异性，他们认为从党建角度来观察民营经济符合参照习惯。

让上述三种人了解民营企业党建，并在了解中达到认同，应该是民营企业党组织的重要工作内容，这也是企业通过党建来履行自己的社会责任。

均瑶集团是上海实行党组织社会管理新体制以来，第一家直属上海市社会工作党委的民营企业党委。在良好的工作环境里，努力发挥民营经济组织党建工作示范点作用，作为民营企业党组织，我们一直在实践中探索怎样发挥功能、怎样推动发展、怎样服务群众、怎样凝聚人心、怎样营造和谐企业。面对这些沉甸甸的课题，党组织必须有效整合资源、兢兢业业、如履薄冰地做好每一件事、做对每一件事，以作为取得地位。

其他各类组织，包括中央级的机关，对民营企业党建工作的了解和关注程度各不相同，甚至有时会显得有些陌生。在承担中国浦东干部学院现场教学点教学任务时，我们深切地体会到了这一点。作为企业党组织，在构建和谐社会的过程中，我们肩负着重要的责任。对于一般群众，他们会更看重党组织在实际工作中所取得的成果，他们通过具体的工作来认识和评价党组织。民营经济要上新台阶，党建工作要增强有效性。

我们在实践中常常感到，民营企业党建工作体现中国特色社会主义，是一项实践性很强的工作，重要的不是一般理论上说明白，而是在具体事务上要做好；关键的不是自己感觉到做好了，而是得到上述三种人的认可和满意。实践工作法，宗旨要坚持不动摇，态度上要如履薄冰，方法上要体现人性化，过程中要贯穿细节的力量认真做好每一件事。

均瑶集团作为民营企业的代表，其党建工作在引领企业发展、凝聚员工力量、履行社会责任等方面都取得了显著成效，提供了宝贵的经验和启示。在总结均瑶集团党建工作的基础上，我们将提出加强民营企业党建工作的建议与对策，结合当前民营企业党建面临的挑战和机遇，提出切实可行的措施和方法，以推动民营企业党建工作不断创新发展，以期为民营企业党建工作提供有益的参考和启示。

第二章
双 向 奔 赴

　　20 世纪末，长三角经济融合的提法刚刚成为热词的时候，均瑶集团公司与其他温州企业一样，将企业的发展延伸到了这块热土。在浦东的南汇县康桥镇获得了 200 多亩土地的使用权，公司发展史上的第三次迁移悄然进行中，当时，这家公司的到来并没有吸引多少人的目光，引起瞩目是在若干年之后。

　　温州，中国早期的通商口岸，也是改革开放后的第一批沿海开放城市。沿着浙江的海岸线一直到最南面靠近福建的地方，这里是文化之乡，诞生过一代词宗夏承焘、棋王谢侠逊、数学家苏步青、语言学家孙诒让、国学大师南怀瑾等，即使地名亦起得文采斐然，如龙港、凤卧、腾蛟、金乡、瑞安、乐清、泰顺、文成、永嘉，等等，这些在普通中国老百姓看来是上上大吉的名字，都是城镇地名。其中金乡镇，是明朝抗倭名将戚继光抗倭设立的卫所，北方兵与当地通婚后繁衍后代，语言形成独特的金乡话，这给商品经济初期外出接业务带来语言上的便利。在金乡的渔村长大的王家三兄弟，早年就紧随时代潮流外出经商，开启了波澜壮阔的商业征程。

　　王均瑶虽然不是党员，却要让自己的企业成为中国共产党党建的试验田，这是为什么？这是源于他内心的感恩。只有改革开放才让一位渔民之子站到了时代的前沿，并很快在温州最豪气的别墅区安家。先富起来的王家三兄弟，在温州全社会"二次创业"的浪潮中，率先设问："我们有了汽车，有了别墅后，还需要什么？"伴随着他们对这个答案的追寻，他们走向了更高层次的追求。

第一节　"干起来！你就是党委书记！"

这时候日历已经翻到了 20 世纪 80 年代末。从 1991 年"胆大包天"到 1999 年，公司先后从龙港到浙南中心城市温州，又从温州迁移到上海浦东康桥，2003 年至今总部就放在上海肇嘉浜路上的均瑶国际广场。其经营规模也从公司初创时期的百万元，到中国民营企业 500 强。从购

王均瑶、王均金、王均豪三兄弟

销业务开始，公司先后进行了三次迁移，每一次迁移，都带来规模的扩大，都带来经营理念、战略思维的提升。

一、一拍即合

我是从媒体人转型搞党建的。在成为均瑶集团党委书记、监事长、高级政工师之前，我曾做过 18 年记者。我在《温州日报》当记者时，曾经和《解放日报》资深记者郑正恕一起，就"苏南模式与温州模式的对话"写了一篇极具社会影响力的报道，后来被《解放日报》聘为特约记者。

王均瑶刚把均瑶集团总部迁到上海时，急需一个能帮他写文章做宣传的人。他征求了多位媒体人士的意见，大伙不约而同地推荐了我。我至今清楚地记得，那天王均瑶参加全国"两会"结束后，专程来温州转机，约我在机场候机厅见面。后来我才知道，向我正式发出邀约，是他此行最重要的目的。

其实早在五年前，我就已经婉拒过他的入职邀请，但利用业余时间帮他创办了企业内刊《均瑶时空》。没想到五年后，他仍然没有放弃。

2003 年 3 月的一天，温州均瑶集团办公室主任带我去机场，和王均瑶一见面后，他用那双标志式的大眼睛直视着我，对我说的第一句话就是："（均瑶公司）近期的机场收购项目和上海金汇大厦项目都在推进；我今年开始是全国政协委员了，但我没有交提案。今年是新委员，明年呢？明年我就要交提案了，我需要这方面帮我把关的人。写大文章不是谁都能干的。公司已经在全国出名了，这方面也要匹配。我们认识多年互相也了解，考虑（你）到均瑶集团帮帮忙！"

当时我立刻就被他的诚意打动了。我答应他先着手解决好报业集团的内退，就加入均瑶。

4月，《中国政协报》的记者王淑君在"委员风采"的专栏中，为王均瑶精心预留了三分之一的版面，展现新晋政协委员的风采。王均瑶深知这篇稿件的重要性。他没有丝毫懈怠，一回到上海总部，就与助手们埋头写了三天，终于完成了初稿。

接着，他立即将这份倾注了心血的作品通过电子邮件发送给了我，并拨通了我的电话。手机那头，传来他充满了期待与焦急的声音："稿件非常紧急，我希望你能尽快完成！"

当天下午，我在电脑前，全神贯注地投入这份稿件的增删提炼。温州经济模式孕育了"四千"精神的代表群体，王均瑶是其中拔尖的一个，他"胆大包天"贯穿着感恩的主线，立意"统帅"了众多的创业故事，呈现了一代青年参政议政的追求。整个下午，我都沉浸在一个时代"弄潮儿"故事中，忘记了时间的流逝。

完成最后一处修改后，我长长地舒了一口气，然后又从头至尾仔细检查了几遍。确认无误后，傍晚时分，我便将稿件发给了王均瑶。没过多久，我就收到了他的回复："稿件非常出色！"

文章当天就成功刊发了。

一周后，王均瑶又来电告知，已落实我儿子转学到上海读高中的事情，并且表示非常期待我能早日入职。

正是在那年5月，由上海市委组织部牵头，统战部、工商联、市社会工作党委联合组织的上海市第一期民营企业家研修班（俗称"上海民营企业家黄埔一期"）在上海市委党校正式开班。王均瑶作为同学第一次见诸党校学员名单。那时，王均瑶是新当选的全国政协委员，是上海滩新生代民营企业家，他的"胆大包天"的故事在社会早已流传。时任上海市委常委组织部长的王安顺在开班仪式上讲到了要在非公有制经济建立党组织，王均瑶当场就提出，均瑶集团要建立党委。尽管当时急切间一时无法办到，但建立党组织却像一颗种子，深深埋在了王均瑶心里。

2003 年 8 月的上海，溽暑炎热，我与王均瑶乘车外出办事，王均瑶聊到了不久前参加"上海民营企业家黄埔一期"的经历。交谈间，我看到他的眼中一直有光。

"我们要建党组织！"我脱口而出。

王均瑶用他那双大眼睛直视着我好一会："你是党员——你就是党委书记！"眼神中满是信任和期待。

我听到浑身一震，既感到无比荣幸，又深感责任重大。从此，我和均瑶集团共同踏上了一条充满挑战、希望和荣光的党建实践之路。

归途中，在车上，王均瑶那双标志性的大眼睛望向我。再度听到他重提此事，我深感责任重大，公司成立党委刻不容缓。我再次承诺，以最高的热情和最坚定的信念，投入到筹建工作中去。

没几天，我们便发现了横亘在眼前绕不过去的门槛——按照党章要求，建立党组织要向上级党组织提出申请，那么，均瑶集团的上级党组织在哪里？

二、2004 年 1 月 17 日

均瑶集团要筹建党委，但这个党委谁来"批"啊？我们在温州总支是有上级的。"批"是手续，"批"是认可，"批"是获得方向和政策的领导。我们就找总部所在的街道，所在的区，但是都没有这样的先例，可以说是个"空白"。

均瑶集团党组织的筹备工作踩着了上海党建的脚步。2003 年 9 月 18 日，王均瑶受邀参加党校研修班的返校活动，并获知王安顺将以市委副书记的新身份参加聚会时，赶紧叫上我一起去。我们要去求解一个

困扰多日的问题——均瑶党委的关系应该挂靠在哪里？

这一天，刚刚从南汇县县委书记调任市社会工作党委副书记的施南昌在聚会上露面并讲了话，介绍了刚刚建立的上海市社会工作党委，这个信息使得王均瑶和我欢喜不已，我急忙上前自我介绍，与施南昌交换名片，说了均瑶党组织的筹建情况，提出了急切建立党组织的愿望，等等。南昌含笑听完情况介绍，对均瑶集团筹建党组织的愿望给予很高的评价，同时答应尽快派员登门调研。

9月30日，受施南昌委派，袁建国、张大鸿两位处长来到了均瑶集团，在医学院路华业大厦的一个简陋的会议室里，听取了我以及筹备组人员情况的汇报后，当场对均瑶集团党组织的筹备工作提出了指导意见。

当时均瑶集团职工三四千人，党员都不公开。我请人事部门核对党员信息，并要求全国各分公司从人事档案中"寻找"党员。我则在各种场合呼吁党员亮明身份。我们首先从"行政管理"这一块排摸，分发了表格，了解到了70多名中共党员。9月又从"人力资源"的角度出发，在"全国各地"再做调查，结果又"发现"了20多名党员。遵循"一个也不能少"的原则，筹备组连续三次拉网式寻找"隐形党员"。有时候，一名党员流动了好几个单位，找到党组织时，自己也搞不清楚组织关系到底在哪里。一个个单位地调查，终于确认了他的党组织关系。

最后找到中共党员101名。

我们分析了这100多位党员的情况，发现大部分是出生于20世纪六七十年代的，入党年代大致在20世纪90年代以后，也就是30—40岁的人，30岁以下的不多。有一人是20世纪40年代的，我们称作是"硕果仅存"。也有50年代的。这大致说明了均瑶这个企业的职工、干部的基本年龄、文化水准等情况。

我们整理好正式的文件，规范表格，在上报拟任的均瑶党委成员的时候，遇到一个问题，大伙对担任党内职务的积极性不高，多一事不如少一事。我决定反其道而行之，提出了选择党委成员的"七字"标准，那就是：愿干、能干、有威信。七个字里面，把"愿干"放在第一项，就是讲究政治素养和志愿。其次才是能力。第三项"有威信"就是要有群众基础，否则没法干。

2004年1月17日，上海市社会工作党委批准均瑶集团成立企业党委，这是上海市社会工作党委批准的第一家。

三、最高"级别"的亮相

紧接着工作的重点就是筹备党委成立大会。

"成立大会意味着集团形象的一次崭新亮相，拿什么来展示？"董事长王均瑶开会敦请大家出点子，挨个请董办、新闻办、董事长助理、业务单位老总来发表意见。一天下午，他约请我到办公室重点推敲。我之前参加过均瑶集团一些很有创意的仪式活动。这次在王均瑶的启示下，我从政治含义角度提出了一个"金舵"交接的创意。王均瑶听了眼睛发光："好东西，还掖着干嘛啊？"我说起去年去义乌市场采访时淘到了一尊紫檀木嵌铜的金色舵轮——"金舵"。"那不是把准方向嘛，马上拿来看看啊！"王均瑶迫不及待了。我们趁热打铁，好事凑双，又策划了双方签署《关于中共均瑶集团有限公司委员会参与企业干部管理的委托书》的亮点。

2004年6月1日上午，中共均瑶集团有限公司委员会成立大会在上海均瑶国际广场32楼大会议室召开。中共上海市委副书记王安顺，市委常委、组织部长姜斯宪，上海市人大常委会副主任、上海市总工会主席陈豪、市委副秘书长刘卫国、市社会工作党委书记许德明、团市委副书记顾洪辉、徐汇区委书记茅明贵、浙江省政府驻沪办主任李晓晋等领导主席台就坐。来自市、区部委办局领导和民营企业代表、社会团体代表、新闻媒体共100来人到场。会场主席台党旗高悬，气氛庄重。

时任上海市委副书记王安顺（左）与上海市委常委、组织部长姜斯宪为党委成立揭牌

大会在雄壮的国歌声中开始，市社会工作党委党委书记许德明宣读了批准均瑶集团党委成立的文件，王安顺与姜斯宪为党委成立揭牌，王均瑶与我分别代表业主和党组织发言，发言的还有员工党员代表和积极分子代表。

成立大会上有个环节十分引人注目：作为均瑶集团党委书记，我从董事长王均瑶手中接过了象征"引领发展方向，坚强的政治保障"的一尊"金舵"——接过了沉甸甸的责任。接着，王均瑶又与我签署了《关于中共均瑶集团有限公司委员会参与企业干部管理的委托书》。

王均瑶向党组织交付"金舵"

签署《关于中共均瑶集团有限公司委员会参与企业干部管理的委托书》

亮点得到了市委领导的呼应。当市委领导从会议室漫步党员活动室参观时，在迎面摆放的"金舵"前站定，问王均瑶"金舵"的含义，并在王均瑶的回答之后进行了补充完善，这场简短但难得的互动，通过媒体传播，定格了民营企业党建的定位。

从左至右：许德明、王安顺、陈理、姜斯宪在"金舵"党员活动室

各大媒体的头版都用相当篇幅刊登了这则消息。其中，新华社当天电讯，新闻导语是这样表述的："拥有6.2亿元个人资产的私营企业家王均瑶虽然不是党员，却决定让自己的企业成为中国共产党的试验田。6月1日，中共均瑶集团公司委员会在上海成立，这是目前中国私营企业中'级别'最高的党的委员会。在上海29万户民营企业中，这是首家直属于中共上海市社会工作委员会的民营企业党委。"

资料显示，1998年，早在民营经济发达的浙江省，已经出现了第一个建立在私营企业的中共基层党委——传化集团党委。不过，当时这个私营企业的党委是由萧山市委委托当地的宁围镇党委负责日常管理的。

中共十六大以来，随着"三个代表"重要思想写入党章，越来越多的私营企业家主动要求在企业内建立党组织、接受上级党委领导。此前，中国内地许多私营企业也纷纷组建了党的基层支部，但基层党委仍然建立在农村乡镇、城市街道等传统的网络里，党委书记基本上都是国家干部。因此，均瑶集团党委的成立，可以说是在全国范围内，党建领域一项新的突破。

四、确立定位："一服务、三满意"

民营企业党建事关政治大局，现成的经验不多，这就需要我们基层的党建工作者以十分的热情来积极探索，以实践来回答新问题。思考这个问题的根本点是，我们均瑶集团公司是民企，民企不玩概念，这也就决定了民企党委也不玩概念。玩概念的民企必死无疑，玩概念的民企党委也必死无疑。党委的政治地位确定之后，党委工作要融入经济工作当中，一个民企党委的工作灵魂，就是要促进企业的发展。与企业的生存和发展有机地结合起来，成为企业发展的臂膀和不可缺少的组成部分，在有效的工作当中来发挥党的影响力。

从2004年初开始，均瑶党委就开展了一系列基础工作，制定了党委工作制度，确定了当前工作9大任务，新建了7个支部（总支部数达到13个），针对集团跨区域分布的特点，我们对不同区域的支部分别采取不同的管理模式。引用ISO9000的服务含义，将顾客——无论是出资人还是社工委——视为我们的服务对象，将党建视为我们的产品，不断追求顾客的满意度，做好我们的产品。

这时候，我发挥媒体人的特长，四处调研取经。我先后来到正泰集团党委、德力西集团党委、仪电集团党委、上海新高潮集团党委、浙江传化集团党委走访调研，讨教怎样搞好民企党建，怎样做好党委书记。得益在党报工作多年积累的人脉和时代的需求，接待我的党委书记都和盘托出他们党建工作的体会和经验。

我从民营企业党委服务功能入手，寻找和确定服务对象。初步提出了："一服务、三满意"的定位。"一服务"，就是为企业发展服务，促进企业健康发展，这是党委的核心职能。"三满意"，就是贯彻党的方针政策和维护各方权益，在这些方面，要做到上级党委满意、企业主满意、职工满意。

企业是出产品的，均瑶集团公司党委从某种意义上讲也在"出产品"。新时期的党建工作，也如同新时期的"产品"。均瑶党委是上海市社会工作党委批准的第一家民企党委，可以说这是一块"试验田"。这块田里当然应当长出新东西来。

五、"金舵"引领度危机

2004年7月5日，以浙江商会会长的身份带队访问欧洲回来的王均瑶住进了医院。

8月5日，有一家媒体"疑似某人生病"的报道引发了众多媒体聚焦均瑶集团，影响了集团正常的经营活动。党委通过上海市社工委向市委宣传部提交"关于媒体过度关注影响企业经营的情况报告"。之后明显感觉媒体配合了，不再"旁敲侧击"地报道。

11月7日，王均瑶在上海瑞金医院病逝。

初秋的上海，冷风吹来，听到消息的我，突然顿生寒意，眼泪不自觉地滑落，然而我却不能沉浸在这份悲痛中太久，因为此刻正是企业生死攸关的关键时刻，还有太多的"仗"等着我和企业去打，有太多的事

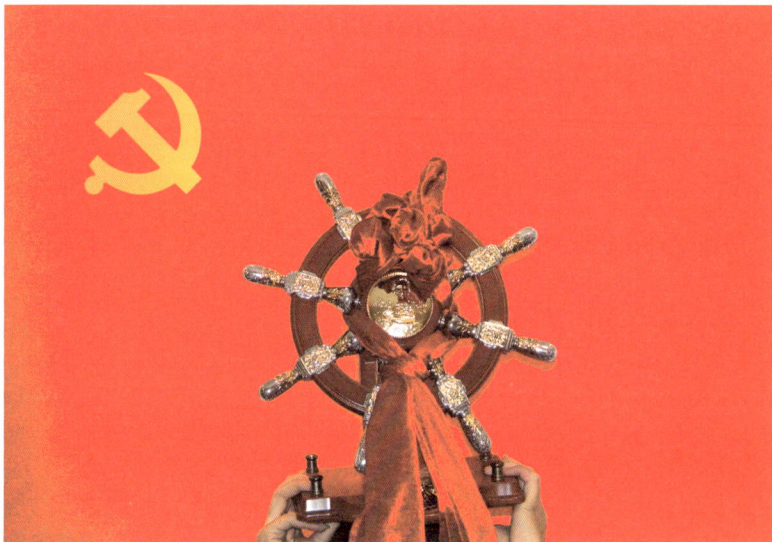

"金舵"引领公司成功化解重大危机

等着我去完成。

我深知，此刻，每一句发言，每一个决策，每一个举动都可能影响企业的未来走向。处理得好，我们将能幸运地度过这次难关，迎来新的生机；处理不当，则可能让企业陷入万劫不复的境地。

我深吸一口气，努力让自己平静下来，思考更重要的事。我明白，作为企业的一员，尤其是党委书记，我必须义不容辞，第一时间肩负起这份沉重的责任，带领大家共同面对这个挑战。

当天晚上，我打起精神独坐灯下，连夜起草《告全体员工书》。每一字每一句，都寄托着我无尽的哀思。正在奋笔疾书，却还有电话铃声不断打扰，都是媒体朋友们急切的询问。对此我尽力保持冷静，一一应答。

我惊讶地发现，当天竟然还有从浙江远道而来的媒体记者默默蹲守在门口，希望能够捕捉到更多的信息。

三天后，我继续在家认真推敲告别厅的挽联，写好初稿后打电话与

《温州日报》资深记者金辉推敲定稿，并通过手机短信发给守在殡仪馆的王均豪："忆当年胆大包天名惊四海成改革英雄，看今朝英年早逝声憾神州得百年美誉。"我携妻子张聪聪去龙华殡仪馆参加了王均瑶告别仪式，泪洒衣襟，心情十分悲痛。

在此期间，我曾连续多次接到电话和传真，不是要求采访均瑶集团新的领导班子，就是询问股权变动、资产负债等等敏感话题，令我应接不暇，倍感压力。如何回应记者的采访要求？拒绝？根本就挡不住！接受？又该如何掌握分寸？既要确保不泄露公司的重要机密，同时又要尽量满足外界对公司的好奇心。接下来的每一步都如履薄冰，我必须谨慎应对。

最后，我与王均金董事长商定主动面对。被"窥探"不如主动阐述，"藏着掖着"索性开诚布公。我们决定秉持坦诚交流的态度，向媒体公开说清楚。我们向30多家主要媒体发出了邀请函，为了增加针对性，事先征集了媒体关心的问题。

10天后的下午，经过充足准备，我们在均瑶国际广场32楼会议室召开了"媒体见面会"，董事会全体成员主席台上甫一亮相，几十位记者拥挤着，显然的露出"剑拔弩张"。我充当了主持人，邀请新任董事长王均金首先发言。王均金对公司近期发生的重大变故做了详细介绍，就媒体预提的问题表达了"有问必答"态度。会场气氛明显缓和下来了。

很快进入提问环节。我宣布了提问秩序。话音刚落，记者一下子举手成林了。由于事先征集过问题，我按照问题的先后和敏感程度依次让媒体提问。王均金和其他董事回答诚恳、到位，不回避、不含糊。见面会双方交流顺畅，我们适时延长了媒体见面会，直到回答完了所有的提问。记者收拾着采访工具相继回单位发稿，我从他们轻松的神情可以断定，媒体对本次见面会非常满意。

次日，媒体报道如同"暴风骤雨"，延续了好几天，不同角度，不同媒介充分报道后趋向安静——公司成功化解了舆情危机，平稳过渡到正常的经营活动，正如媒体报道，"从王均瑶时代进入王均金时代"。

若干年后，"均瑶集团'王均瑶去世'事件的危机公关"被《中外危机公关案例启示录》（岑丽莹编著：企业管理出版社，2010年。）列入"突发事件引发的危机公关案例"，进行了深入分析。书中还引用了安邦首席分析师陈功对我们应对举措的评价："在第一时间内，均瑶用集团内部的具体信息，消除质疑和猜测，增加企业运营的透明度，而透明度是和可信度挂钩的，通过这种市场操作行为进行风险防范是非常明智有效的。"

第二节　王均金："有没有党组织确实不一样！"

2004年11月，企业遭遇重大危机的关键时刻，正是在"金舵"的政治引领下，党委牢牢把握、稳定大局，在新任董事长王均金的调度下，以一系列有效作为帮助企业实现了平稳过渡。

王均金在接受媒体采访时深有感触地说："有没有党组织确实不一样！"此事被媒体专报到上海市委，市委主要领导为此专门作了批示：这是党组织在民营企业的有作为有地位的典型。《解放日报》把王均金的这段话作为标题，

王均金深有感触地说："有没有党组织确实不一样！"

在头版刊出了长篇报道，还配发了评论员文章。

一、黔西南"务工"真人秀

2016 年，王均金带领均瑶集团参与"精准扶贫"的行动，在公司专门成立了"均瑶集团精准扶贫行动领导小组"，他担任组长，集团总裁、党委书记、分管产业的副总裁担任副组长，在中国光彩事业基金会下捐赠 1 亿元，设立"光彩·均瑶扶贫济困专项基金"，主要用于帮助贫困地区和贫困人口脱贫、基础建设等公益慈善项目。而"小板栗坐上大飞机"的"洛郎样本"就是均瑶集团参与脱贫攻坚众多项目之一。

2017 年，我受公司委托在贵州黔西南布依族苗族自治州的望谟县开展精准扶贫工作。了解到中央电视台正在筹拍《城市梦想》纪录片的时候，便推荐均瑶董事长王均金担任主角。王均金听说有利于扶贫就一口答应，并作了精心准备。

2019 年 5 月 12 日，央视财经频道《城市梦想》节目组两架摄像机隐蔽拍摄，王均金化名的"王兵"成为贵州省望谟县洛郎村一个普通农民工何兴平的学徒，穿上胶鞋，吃力地运沙土、绑钢筋、铺地砖，汗水如下雨般直冒，两小时喝了 5 瓶矿泉水。

王均金董事长化名"王兵"参与录制《城市梦想》纪录片

在建筑工地上和农民家里，摄制组一连跟拍了两天，拍了十几个小时的素材。拍摄完成后，我去村口偏僻处接王均金回来，只见王均金累得两腿走路都不利索，上车倒头就睡。

一周后，何兴平应邀到上海均瑶集团总部，说有一位"老朋友"约会。何兴平应约带着姐姐（说好到上海看病）、高中毕业的女儿一起来到均瑶国际广场 37 楼，竟然在这里遇到穿着优雅的徒弟。那一天是 50 多岁自我感觉脑子好用的何兴平最意识朦胧的一次。当被告知眼前的"王兵"就是均瑶集团董事长王均金的时候，他心不在焉地应付着，脑子里还在拼凑着想象中的场景，眼神还在滴溜溜转着，期待新的拼图。

他心目中认可的人出来说话了，他信任我这位党委书记不会忽悠。

"啊，是这样子呀——"何兴平终于笑出声音来，张大嘴巴露出整齐的牙齿。笑着笑着，眼泪盈满眼眶——不知是激动还是感动，或者两者都有。

央视的《城市梦想》拍摄完美关机。

二、党建之友

2022 年是中国共产党明确提出统一战线政策 100 周年。王均金创业 30 多年来，在思想认识上，在实际行动上，都知行合一地遵循新发展理念，践行企业家精神；他努力让职工有一个安稳的"家园"，让党员在这个"家园"里有更大的发展平台。在均瑶集团党建工作和群团工作中，王均金满腔热情的参与和支持，与党建工作融合共建，"党建强、发展强"。王均金成为上海市首届"党建之友"。

王均金少时家贫，是中国特色社会主义制度改变了他的人生轨迹；不变的是，他牢记父亲的教诲：做人做事要对得起胸口巴掌大的地方。做企业过程中不间断地受到了党的教育，逐渐坚定了社会责任感和爱国热情，他政治上追求进步，确立了建"百年老店"的企业使命。他拥护党的方针政策，参政议政能力强，作风正派，关心职工，在员工中广有口碑和威信。他沐浴在改革开放的春风里，成长在优良的营商环境沃土中，对党的感情更加深厚，对党的理解更加深刻。尤其是2004年企业经历了主要领导人变故的危机，更加深化了对党的感恩之心。均瑶集团发展到今天得益于党和政府的关心、支持、帮助，特别是在企业困难的时候更是如此。自2004年均瑶集团成立党委至今，每年都会召开建党节纪念活动，王均金总是积极参加并讲话。每年的党员干部民主生活会，总是作为特邀嘉宾参会并分享自己的感受。参加每年的职代会，听取职工的意见建议，尊重职工的诉求，倡导民主管理，受到职工的拥护和爱戴，企业和谐健康发展。

王均金对党组织在民营经济中的地位和作用有深刻的理解和认识，企业中形成党的建设同企业发展的同向性，尊重集团党组织的有关决定和意见，从公司治理上保障党组织有序开展各项活动，集团较早实现了党建工作制度化的"五纳入"。支持在企业中建立党群组织，鼓励党员的先锋模范作用。支持党群组织独立负责地开展活动，建言党组织规范化建设，保证党组织活动有必要的时间、人力、财力支持。在他确定的公司治理框架内，党组织健康发展、充分作为，纪委、工会、团委、精神文明、品牌宣传等组织有位有为，企业健康发展的同时，党员队伍扩大了，针对不同企业的实际，形成了集团党委对跨行业、跨区域属资单位党组织的不同的管理和指导方式，党建工作扎实有效。

2019年12月16日，均瑶集团党建实训学校集中培训暨开学仪式在中共上海市委党校海兴教学楼举行，来自全国各地的秋季班全体学员近200人参加培训，有30多家上海市浙江商会会员代表出席了开学仪式。开学仪式后，王均金作为均瑶集团董事长、上海市浙江商会会长，亲自进行了授课。他说，举办党校是培养干部的重要途径。党校学习，核心是要学以致用，通过学习推动工作。

均瑶集团党建实训学校集中培训暨开学仪式在中共上海市委党校海兴教学楼举行

均瑶集团党建实训学校结业典礼在徐汇区委党校举行

2020 年 6 月 30 日，均瑶集团庆祝中国共产党成立 99 周年大会上，王均金在讲话中表示，国家好，企业才能好。在抗击新冠疫情过程中，均瑶集团秉承"均瑶是我们的，更是社会的"理念，成立"均瑶全球行动小组"，利用自身的产业特点和资源优势，为国家的抗疫工作贡献自己的一份力。

2021 年 6 月 25 日，在均瑶集团庆祝中国共产党成立 100 周年纪念大会上，王均金说，理想信念是方向，是灯塔，是建设百年老店的精神动力！我虽然不是党员，但听党的话，跟党走，按照党的要求制定公司发展战略和扶贫济困工作。党培育了我，让我的思想觉悟与时俱进，使我在努力做强企业的同时，努力做一个有理想、有信念的人。他表示，将会一如既往履行社会责任；坚定跟党走，建设"百年老店"；要在上海发展中当好民企排头兵。

在 2022 年庆祝"七一"活动上，王均金全程参会并讲话，他鲜明地提出，在严峻复杂的现实面前，如何继续高质量发展，一要勇于"应对挑战"，从百年大党波澜壮阔的历史中汲取前行的力量；二要聚焦"创新引领"，保持战略定力开拓进取；三要与国家风雨同舟，彰显"责任担当"。他提出，下半年要召开党的二十大，作为全世界最大的政党，能够带领全世界人口最多的国家奋发有为 100 多年，非常不易。归根结底还是"信仰、信心、信念"的作用。困难只是暂时的，我们始终相信，国家会越来越好，上海会越来越好，均瑶集团也会越来越好。我们一定要提振信心，为上海的发展作出应有的更大贡献，以优异的成绩迎接二十大的胜利召开！

作为一名无党派人士，王均金创造条件让党组织和党员拓宽思路，放开手脚，深入了解企业战略改革方向，有效创新工作方法，提出建设性意见，深度参与企业的业务运营，更好地发挥党组织和党员的先锋模范作用。

三、参政议政的民间力量

2023 年 3 月 4 日，全国政协十四届一次会议在京开幕，作为民营企业家的一分子，王均金再次当选全国政协委员，无比荣幸，更深知责任在肩。

王均金先后担任全国政协委员和全国人大代表，连续 17 年参加全国"两会"，提交 1 份议案、32 份提案、31 份建议、70 份议案（参与），通过参政议政为国计民生建言献策，通过参政议政牢固确立正确的价值观，确立为社会创造价值，建设百年老店的使命。

王均金董事长连续 17 年参加全国"两会"，为国计民生建言献策

作为一名民营企业代表、委员，王均金对于民营企业的发展环境有

着深刻的体会。从 2013 年第一次会议起，他就关注诸如民间资本投资、混合所有制经济改革、简政放权、商事制度改革、互联网金融等问题，并在调研论证、征求意见的基础上提交了相关建议、议案。

针对激活民间资本投资的问题，中央有规划，地方有措施，但是现状总是不尽如人意，时有反复。为此，王均金集中精力，先后提交了《关于进一步放宽准入，激发民间投资活力的建议》《关于推动混合所有制经济发展的建议》《关于促进商事制度改革的建议》；其中涉及国家经济金融制度问题，提交了《关于建立存款保险制度，加快发展民营金融机构的建议》《关于定期编制国家资产负债表的建议》《关于促进互联网金融健康发展的建议》《关于推进融资租赁立法进程的建议》；航空是鼓励民资大量进入的领域，提交了《关于取消对航空企业引进飞机审批的建议》《关于在国家层面推进空管体制改革，有效释放空域资源的建议》等。

每次在准备建议提案稿时，大有"为伊消得人憔悴"的追求。提前三个月就准备案由，然后进入前期的细心调研，到了起草阶段，不同业务诉求的建议稿由所在的"笔杆子"提供初稿，文稿组进入了修改完善提炼，都是精打细磨、不断请教、反复修改。王均金或参加调研和讨论，或者对初稿提出意见。感到成熟了才提交。令人欣慰的是，十多年来的"两会"期间，王均金提交的建议、提案全部立案，并得到了来自全国人大财经委、教育部、中编办、国资委、财政部、国务院扶贫办、发改委、央行、住建部、人社部、工商总局等十几个委办局的回复。有些建议第二年就得到切实落实，比如存款保险制度的出台，商事制度的简化等，其他建议也起到了督促相关部门进一步改善了工作计划和提升工作效率的效果。

王均金在不同的场合推介他的价值观，展现当代企业家精神。

第三节　王均豪："党员要冲在最前面！"

均瑶集团党委成立以来，以党建引领企业发展，推动业务有力拓展，实现了企业的高质量发展。

集团党委通过以价值认同为重点的企业文化建设，抓实政治引领，确保企业在中国特色社会主义道路上行稳致远。坚持在业务拓展中发挥党建引领作用，做到"业务发展到哪里，党建工作就跟进到哪里"，实现了业务板块的党建全覆盖。集团旗下的吉祥航空、九元航空、华瑞银行、均瑶健康等公司，都在第一时间筹备建立党组织，将党建写入公司章程，成为行业党建的样本。通过党建形成的价值认同，有力地凝聚了全体党员职工的先锋力量。

近年来，有许多党员发展成了企业的中层和基层管理骨干；与此同时，也有大批骨干一心向党，成为光荣的中共党员，集团总裁王均豪就是其中的一位。

作为入党介绍人，我和现任总裁王均豪定期谈话，交流思想。经过两年多的考察，2015 年 6 月，王均豪成为了中共预备党员。政治上越来越成熟的王均豪曾担任均瑶集团党委副书记，在"均瑶健康"上市仪式上，我将一枚党徽别在了王均豪胸前。王均豪作为董事长建立了均瑶健康党委，并担任党委书记。

2021 年是中国共产党成立 100 周年，均瑶集团创立 30 周年，王均豪作为集团党委副书记发言：以史为鉴，创三十年、立百年。纪念历史最好的方法，就是把过去未完成的和将来要做的事业做到最好。党员同志要全力以赴冲在最前面，秉持"一二三四五方法论"（以下简称"方

均瑶健康在上海证券交易所上市

均瑶健康上市，笔者亲手将一枚党徽戴在了王均豪胸前

法论"），紧跟均瑶健康发展步伐，拿出二次创业的精气神，不忘初心，砥砺前行。

第四节 双 向 奔 赴

"优秀中国特色社会主义事业建设者"是由中央统战部、工业和信息化部、人力资源社会保障部、国家工商行政管理总局和全国工商联五部门联合颁发，旨在对中国经济社会发展作出杰出贡献的民营企业家表彰的光荣称号，是迄今为止党和政府对民营企业家最高的褒奖。所有获得此项表彰的民营企业家都在经济发展、社会就业、科技创新、光彩事业、公益慈善等方面作出过重要贡献。均瑶集团"王氏三兄弟"王均瑶、王均金、王均豪分别获得首届、第三届、第五届"优秀中国特色社会主义事业建设者"光荣称号。

一、跟着国家发展战略走

他们坚信在中国这块发展的热土上，只要持之以恒地走下去，一定会有美好的未来。均瑶集团的发展与壮大，始终与其创始人坚忍不拔的开拓精神息息相关，与他们善于捕捉商机息息相关，更与他们对党和政府的信任息息相关。

无论是早期从事印刷行业，"胆大包天"开辟包机航线，还是后来进军上海滩、收购改建均瑶国际广场、收购无锡商业大厦、收购改制武汉汉阳房地产公司、参与改制上海市世界外国语中学、上海市世界外国语小学，以及开办吉祥航空、九元航空、民营银行，均瑶集团都是学习、贯彻、执行党的改革开放政策的先行者、探索者和获益者。

在当代中国，"无产者"、劳动者的概念已经具有新的属性，在坚持理想、信念的前提下，基层党组织在用新的实践推进自己的事业。民营企业家，是党的重要的阶级基础和群众基础之一，也是实现中国梦的圆梦之人。亲近党，相信政府，努力学习解读党和政府的政策，把党和政府的号召、引导作为企业发展的导向，这是业主三兄弟的特点，也是他们在企业决策管理方面能够出类拔萃的重要因素。

二、为社会创造价值

他们始终提倡"均瑶是我们的，更是社会的"的企业社会责任理念，积极认同"义利兼顾、以义为先"的光彩精神，恪守兼济天下的中华优秀传统文化。其中二十多年持续投入三峡援建项目，就是均瑶集团从事光彩项目的一个典型案例。集团从 1999 年参与"光彩事业三峡库区行"开始，就开启了对三峡库区的支援建设之路。集团在库区实施"万户奶牛养殖计划"，将公司、基地、农户密切联系起来，形成了有效的支农模式。打通上下游产业链，让 1 000 多位移民直接就业，带动产业链就业人数 5 000 多人，长期稳定解决了众多移民的就业难题。

2001 年 10 月，董事长王均瑶作为中国企业联合会推荐的唯一一位民营企业代表到英国伦敦参加"联合国全球契约论坛"，"万户奶牛养殖计划"作为案例在联合国全球契约论坛上予以介绍，并当场递交了包括就业、环保等内容的联合国《全球契约》承诺书。2003 年，王均瑶被国务院三峡工程建设委员会授予"三峡工程建设先进工作者"荣誉称号。2006 年 11 月，现任董事长王均金被国务院三峡工程建设委员会授予"全国对口支援三峡工程库区移民工作先进个人"荣誉称号；2012 年 6 月，王均金荣获由中国光彩事业促进会颁发的"光彩事业奖章"；2013 年荣获上海市委统战部、市工商联、市光彩会"上海市光彩事业特别贡献奖"。

均瑶集团在三峡开展的"万头奶牛养殖计划"，移民冉以权养牛致富

二十多年来，均瑶集团在三峡库区累计投资超过 50 亿元，在移民就业、惠农致富、环境改善、产业升级等方面，把资金、技术、人才、管理等优势同库区的资源、劳动力等优势结合起来，实现了优势互补、互惠互利、共同发展。

集团发展产业的同时，一直积极承担着扶危解困的责任，捐赠 37 360 万元现金用于各种公益和慈善活动，主动为灾区、贫困地区提供支持和帮助，以各种形式赞助社会公益活动。

三、政治引领促发展

党委为企业发展把舵，提供思想政治保障，发挥"政治上的知己"和"经营上的参谋"作用。在建设中国特色社会主义、实现中国梦的大背景下，无论是法理依据、政策依据、理论依据，都为民营企业开展党建工作确立了理论的制高点。民营企业家的社会主义属性和市场经济发达地区党组织的先行探索，也为均瑶集团党建工作的探索创造了客观的、示范的条件。而这，也是企业党组织擅长的工作领域，也是党组织存在、发挥作用的重要的外部条件之一。

民营企业党委参与企业事务，靠的是党委在企业当中的政治优势、组织优势、善于做群众工作的优势，扬长避短，积极参与企业的战略决策，动员组织员工为企业发展建言献策，为企业发展把舵、提供思想政治保障。集团党委成立以后，在组织架构内积极主动参与企业发展的战略决策，在日常工作中注重把握舆论导向，引导企业的氛围，调节企业的情绪，疏导企业的负能量。在确定集团"五年"规划、开办新的产业、队伍管理考核等方面，集团党委都提出了重要的意见和建议。

在党和各级政府、组织的关心支持下，王均金、王均豪兄弟在企业不断健康发展的过程中，自身也在不断地成长、进步。2013年3月，王均金在完成了第十一届全国政协委员的履职后，又被推选为第十二届全国人大代表。还担任中华全国工商联合会常委、中国光彩事业促进会副会长、上海市工商联副主席等社会职务。王均金、王均豪兄弟一直非常积极地参加集团党委组织开展的活动、学习，积极参加了各级组织部、统战部、工商联等组织的学习培训活动。

协助上级组织认真做好人大代表、政协委员和各类人才的举荐工作，协助业主认真履行好应尽的社会责任，是集团党委工作职责中的重要内容。集团党委非常重视与业主的交流、互动关系。二十年来，集团党委的每次重大活动，都事先与业主沟通交流，凡是与企业发展相关的重要活动，都主动诚恳地邀请非党的董事长、总裁参加。集团党委一直积极探索，邀请董事长、总裁参加每年一次的党委民主生活会，请他们为党委工作提意见和建议，感受党内生活的氛围。

多年来，均瑶党委坚持把"两个健康成长"落到实处，通过组织召开"学习十九大精神报告会""我与均瑶共成长""听董事长讲两会"等系列主题教育活动，用主流文化引领企业发展方向，促进企业家健康成长，努力把企业家培养成为中国特色社会主义道路坚定的信仰者。

"草根"民营企业艰苦创业的历程，质朴、诚信、谦逊的行事风格，中华民族传统美德的熏陶，加上党和政府的关心支持，企业党组织的影响力，不但塑造了以"百年老店"为目标的企业，而且锤炼造就了有责任心的企业家。均瑶集团的战略思维、计划安排，甚至投资方向，都深受影响。

集团业务在稳健发展，规模日渐壮大，连续多年被评选为"中国企业（服务业）500强"，一家企业三人获得全国"优秀中国特色社会主义事业建设者"的光荣称号也就名至实归了。

这也是我在一家民营企业担任党委书记，一干就是20多年的主要原因。

干不久，是民营企业党组织书记的宿命。实践表明，大量"红色CEO"由于价值观、本领更新等原因频繁去职。我认为，横亘在党务工作者面前的"山"，就是将党的主张转化为企业的语言，成为企业内生的内容。用企业的文化建设来体现政治引领，一句话，政治，照搬不可取，不搬更不行。

我一直认为自己能干上20年，最重要的原因就是，出资人长期信任和支持，形成互动，这是客观环境。其次有主观原因，主要是身在其中立志贡献，中华民族的复兴要靠每个人做好每一件事，党建就是要以作为求地位，专注队伍建设，依靠党员高管、支部书记，搭建形式多样的党员示范平台，这就是均瑶集团党建工作的基石！

孔子说："三人行，必有我师焉。择其善者而从之，其不善者而改之。"考察调研是最大的"师"，使我能够有的放矢地剖析"善者""不善者"的生成机理以及经验教训，将执政党的政治主张转化成企业的文化力。

我终于没有辜负温州报业集团领导的期望，不仅成就了报业集团干部流动的开端，为"离岗退养"作了一个积极的示范。到上海后，由于在党建工作做出了一些成绩，显示了党务工作者的价值，可能带动群体的价值提升。十年前民营企业党务工作者的地位并不高。上海市党建文化研究中心主任张克文曾经在主办的《党员经典导读》有感而发写了一篇署名文章，标题是"党委书记的价值"，借用一家知名企业党委书记"跳槽"，在职务上薪资上明显提升的案例，呼吁党务工作者争气，以作为求地位，有作为才有地位。这场价值观的讨论，也让我们彼此成为了好朋友，时常聚在一起研究党建这个群体的建设。既然干上了这一行，就得干出一个样子，对自己对家人对社会都有一个交代。

第三章
走 向 成 熟

在民营企业党建工作新领域，均瑶集团党组织是辛勤的耕耘者、探索者。我们以辛勤换来实绩，证明了在民营企业党建工作同样可以做到为企业发展所需要，为广大员工所拥护，为党员所认同，为职工所向往，为业主所支持和尊重。均瑶集团党委，向党和人民交出了一份实践答卷。

面对这样的一份答卷，我们感到欣慰、兴奋、信心倍增。同时，也由此引发了我们深深的思考。

党建，是中国企业独特的优势，也是中国民营企业独特的优势。民营企业党建是增强党的阶级基础、扩大党的群众基础、夯实党的执政基础的需要，是新时期党的基层建设不可分割的重要组成部分，是中国特色的公司治理，也是中国企业的独特优势。事实证明，有没有这个优势是大不一样的。我们有充分的理由相信，在均瑶能做到的，在其他民营企业应该同样可以做到。

党建的政治优势与中国企业家精神融合互补，是企业长盛不衰的法宝。从中国快速经济发展中催生出来的中国企业家，既有市场经济细胞先天不足的缺憾，更有社会主义制度元素营养不良的短板。企业党组织是优良的糅合剂，也是强大的推进器。组建并定位于企业高层的均瑶集团党委，以"知己、挚友"之情，成为企业主的左膀右臂，与企业同命运、共担当，让企业主感叹"有没有党组织确实大不一样"；而业主对党建工作的倾心支持，让党组织工作如鱼得水，同台共奏"和谐乐章"。这是中国企业家应有的胸怀，也是党组织精心培育、大力建树的中国企业家精神。这种精神与党组织的政治优势融合互补，是助推企业健康可持续发展的无穷动力。

党建工作必须贯穿于生产经营全过程，融解于管理流程，政治优势才能真正转化为生产力。贴标签、喊口号、搞形式的政治工作和党建工作，非但与企业无益，还有可能给企业制造麻烦。受欢迎、有成效，是企业党建工作的基本底线。均瑶集团党建工作嵌入管理流程，打造"红色引擎"，并春风化雨般地潜移默化于人们的心灵，激发出员工潜在的积极性与创造性，进而转化为促进生产、提高经营效益的内动力，使党建工作真正成为企业治理结构的组成部分，党建工作才有生命力。

一滴水能映射出大海。均瑶党建工作的阶段性探索实践，伴随着社会、经济大环境的变化，是众多民营企业的缩影，也是加强和改进民企党建的范本。"天高任鸟飞"，中国特色社会主义制度，为中国民营企业展翅高飞提供了广袤的空间，也为民企党建创新发展造就了宽阔的舞台。而我在均瑶集团最高层的办公室，就好像二十年来在均瑶集团主持党建工作历程的一个缩影。

第一节　起步阶段：2004—2010 年

我常说："室雅何须大？"身为集团党委书记，我的办公室在很多记者朋友看来都感觉很朴实，"气派"的是窗外的风景。

办公室窗外景致恢宏大气

从均瑶国际广场办公楼顶层宽敞的玻璃窗向外望去，天际线上高楼林立，尽收眼底，目之所及，可以看到黄浦江东岸那几座著名的最高建筑，令人陡然而生万丈豪情。

2003年夏季，我刚刚从浙江温州来到上海。8月5日，我借住在三航局招待所，上班地点在医学院路的华谊大楼。当时公司买了高区一整层作为总部办公区，比较拥挤。王均瑶董事长非常照顾我，特意给我安排了一个安静的双人办公室，与刚从广州万科房地产引进的庞凌云对面坐。

当时的办公地点连个像样的会议室都没有。8月25日，王均瑶在徐家汇的红房子开会。记得在那次30多人参加的会议上，我起草的关于公司股份制改革的建议被作为会议材料发放。

自从接到了王均瑶董事长组建党委的任务。这是令我倍感陌生的领域，既不知道公司党员的名单分布，不明确党组织要挂靠在哪里，也找不到可以借鉴的教材。员工对党的声音也是陌生的。有这样一个细节，当年岁尾的公司年会上，时任总裁王均金的祝酒词由于使用了"可持续发展"的词汇而引来一片笑声。

从那一年的8月开始，上海市社会工作党委的领导干部们竭尽所能地帮助我们，在业务上对民营企业党建做面对面指导，手把手训练，帮助我们建立了常态化的学习制度、工作调研制度，考察国内优秀民营企业，听优秀民营企业家作报告，等等。组织上打通了民营企业与市委市政府各个部门和社会组织的联系渠道，建立了创先争优和评选先进的渠道，实现了上海市委加强"两新组织"党建工作的目标。

时间转眼来到了2004年。这一年，上海均瑶国际广场在楼市的一片复苏声中褪去脚手架，露出挺拔的英姿，徐汇区首席商务港的定位引迎来无数人士的艳羡。想当初，在楼市萎靡，复苏的曙光迟迟未现的时候，这幢大楼曾迎来多少投资商的踌躇。信心是把握商机的核心条件，大局观成就了均瑶。大楼伴随着一系列的"创新"出现在徐家汇商务圈。

同样，出于对长三角经济一体化企业须先行的认识，均瑶集团董事长王均瑶出任第六届上海市浙江商会会长，团结在沪的浙江企业家，提出了搭建商会平台、打造商会品牌、承诺办好十件实事，在此后商会的一系列活动中创新成为最大的亮点，民间商会的新形象凸现沪上。

成长的道路是险峻的，但对于充满激情的创业者来说是充满诱惑的。当时均瑶集团还很小，需要发挥敢于创新、勤于创业的精神，以创新实现价值。

岁末年初，均瑶集团高层管理人员首次月度沙龙在上海举行，确定了产权改革目标和完成了新的组织架构，确定了以长三角为主要投资发展区域，多产业并举，全面提升的战略目标。

2004 年 1 月 17 日，上海社工委下文批准成立均瑶集团党委，同时批准我任党委书记。

均瑶集团总部依次搬入了肇嘉浜路 789 号的上海均瑶国际广场。这是大上海第一座民营企业冠名的甲级商务楼，展示了全新的企业形象。办公条件还是有点艰苦的，比如吃饭这件事就不大容易解决。出了大楼，不管你是往左拐还是往右拐，都要走得很远，才能在街边快餐店随便吃上一口。不像现在，不仅集团有自己的食堂，光是大楼里面就有许多餐厅，贵州菜、粤菜、本帮菜等等一应俱全。一楼大厅就有星巴克，走出去没几步就是地铁站，以前还没通地铁。

均瑶国际广场是大上海第一座民营企业冠名的甲级商务楼

1 月 18 日，上海市社会工作党委书记带队调研，他们习惯性地将外套脱掉放在车里，穿得很单薄就进来了。由于楼内中央空调还没有正常运行，结果他们上楼后，就感觉到了寒气逼人。硬撑了一会，却越来越冷，最后再也扛不住了。不得已，领导们纷纷打电话给司机，让他们把外套拿上来。成了当年的一件趣事。

刚一搬进来，董事长就直接将我的办公室安排好了。此后，无论外面的世界如何瞬息万变，我的办公室却是 20 年没挪过地方。甚至里面的许多物件也没变过。只有桌子上的电话座机倒是全公司集体换过一次。

6 月 1 日，均瑶集团党委成为上海市社会工作党委批准的第一家民企党委。那次真是盛况空前，向全社会传递了上海市党建新领域、新探索、新实践的风貌。

11 月，面对公司的巨大变故，王均金董事长临危受命，沉着应对。在社会各界的支持下，均瑶集团平稳过渡。王均金在接受多家媒体采访时由衷地说出"有没有党组织确实不一样"的肺腑之言。我理解，他所指的"党组织"已不仅仅局限于均瑶党委，还包括关心、支持的上海市委组织部、上海市委统战部、上海市社会工作党委、上海市工商联、徐汇区委等等。对于艰辛的创业者来说，他表达的是一种感恩的心情和继续前行的信念。

现在，我的办公室窗台上摆着的几张照片，都是重要时刻的合影，每每勾起我许多回忆。其中有一张照片，是 2007 年我们在集团召开的纪念建党 86 周年大会上唱国歌的情景。至今看到，仍如在昨日。此后，每年 6 月，我们都会召开建党纪念大会。王均金每次都会参加并讲话，这已形成了一种惯例。

总的来说，在 2004—2010 年这一阶段，均瑶集团的党建工作刚刚起步，尚面临诸多挑战和困难。

这一时期，均瑶集团通过深入学习和理解党的方针政策，逐步建立

均瑶集团隆重纪念建党 86 周年大会

起基本的党建制度，为后续的党建工作奠定了坚实的基础。通过不断的实践和总结，集团逐渐明确了党建工作的目标和任务，为后续的发展积蓄了势能。为了规范党建活动的进行，集团党委编写了《均瑶集团基层党的工作指导手册》，力求在提升组织力方面有所建树，为党建工作提供了方向和指南。

在这段时间，我们的党建工作经历了从概念到实践，从案例到实操，从蹒跚起步到全面赋能的一系列改变。这些赋能得到了董事会极大的呼应，符合了企业渴求进步的内生需求。均瑶集团在政治上的嗷嗷待哺到茁壮成长，立志创建百年老店，充当中国民营企业基业长青探索者，公司创始人与党员职工如饮甘露，如沐春风，从董事长到普通职工，政治上"听党话、跟党走"，经营上遵循国家战略、上海指导，劳动关系上实行民主管理、和谐发展，企业发展进入黄金期，党建工作由此才得以从此时的幼稚期进入后来的成熟期。

长期以来，得益于中国改革开放的红利和执政党巩固社会基础的战略，使得民营企业的党建工作拥有了肥沃的土壤；得益于上海市社会工作党委的鼓励创新、注重实效的工作氛围，使得工作理念、工作定位、工作方法等方面的探索和实践能够持续前行；得益于出资人的境界，使得均瑶党建工作拥有丰富的资源和平台，党建构成了均瑶集团文化建设的重要篇章；得益于党员和群众对党建工作的拥护和欢迎，使得党组织的团队优势极大发挥，党员队伍蔚为可观。

每当我看到青年骨干成长为党员或党员成长为业务骨干的时候，每当看到新入职的员工携带着接转党员关系的组织介绍信来到均瑶集团报到的时候，我的心中总会油然升腾起一股暖流，感受到组织覆盖和工作覆盖的落地，体验到业务发展到哪，党组织的作用就发挥到哪里的具象。

均瑶党委遵循"一服务，三满意"的使命，探索前行，一路上经历了董事长的更替，经历了转型的变革，经历了企业并购和规模的快速扩大。坚持发挥政治引领作用，坚持发挥职工的政治核心作用，将党建与企业的发展结合在一起，将党建与企业家的成长结合在一起，将党建理论的创新和实践探索结合在一起。

均瑶集团确立了"为社会创造价值，建国际化现代服务业百年老店"的使命，均瑶党委的使命，就是发挥企业发展的政治引领作用和群众工作的政治核心作用，这种作用的发挥需要定力，需要韧劲，更需要能力。均瑶党委与企业的命运紧密结合在一起，伴随着企业的发展而发展，伴随着企业家的成长而成长。

集团公司进入高速发展期，党建工作亦走向成熟，反映在两件大事上。

第一件事是上海吉祥航空开航一周年庆典。在庆典上，吉祥党委挂牌，华东民航局和上海市社会工作党委领导共同揭牌。我兼任吉祥航空党委第一任书记，总裁董力加兼任副书记，几位副总裁兼任党委委员，他们都是资深的民航从业者。

吉祥航空党委揭牌仪式

那段时间，吉祥航空机队规模成倍增长，来自全国和国外的民航业从业者加盟了不少，党员队伍快速发展，实现了体制内外党员关系的无缝转接。当时，转接关系的党员反映最多的一句话就是：原以为到了民营企业，党员身份要放在口袋里呢，想不到吉祥航空给了我们回家的感觉。

第二件事是均瑶集团成为上海世博会的高级赞助商，得到了世博园区的特别授权，开发了系列世博会商品。党建工作随着业务跟进去，在园区的世博会授权商品专卖店成立了临时党支部，由集团党委委员、文化公司总经理史飞担任支部书记。

党委委员、行政支持部总经理吴大为建立了党员志愿者队伍，服务全国来访的政商朋友参观世博会。由于均瑶集团在世博会上的完美表现，品牌在上海打得更加响亮了。党建工作主动出击，服务出色，获得了上海世博会组委会和上海市社会工作党委的嘉奖，均瑶党建工作面貌一新。

施南昌（右2）慰问世博园均瑶临时党支部

均瑶集团党委荣获"服务世博贡献奖"

第二节　走向成熟：2010—2017 年

"麻雀虽小，五脏俱全"，我狭小的办公室里挤挤挨挨地摆满了各式各样的物品，可以说既有个人特色，也有工作特色。这里不光是我埋头苦干的地方，它更像是个万花筒，装满了五彩的元素，承载了我满满的回忆，见证了我和均瑶人一起奋斗、成长的点点滴滴，还有和那些来自五湖四海的朋友们的欢声笑语。

办公桌上摞着几本我时常翻阅的书籍。后面的墙上挂着一幅名人手书的"勇往迈进"，是我 10 年前，正值集团和我们的党建工作大步向前的时候挂上去的。

均瑶集团看重绩效文化，凡事抓落实，党委工作年初有计划，过程有项目表，这些表格就贴在办公室靠边的墙上，粘得结实懒得揭掉，第二年又接着贴，结果墙上整排的都是密密麻麻的表格。这种装置几年前撤掉看不见了，由于互联网和微信等工具的广泛应用，我的这些墙贴与时俱进地退出历史舞台了。

前几年，为了提高效率，一些小型会议就被我放在办公室里开掉了，所以我特意请"霸哥党员工作室"领衔人霸哥帮我安装了一台投影仪。有些小型会议我就用投影来演示。原本临时搞一下，投影布挂得歪歪斜斜，不太好看，后来我们大楼里的一个维修师傅在清洁空调出风口时，用心地用胶水固定了，帮我调整到了最佳效果。

我还置办了一套移动的茶具，专门用来招待"重要来宾"。别看空间小，办公室的来访者倒是"川流不息"。生客到客厅接待，熟客就不生分了，直接在"斗室"茶叙。这里成了我和同事、领导、媒体朋友们畅谈的宝地。

有一次，徐汇区政协副主席和他们的几个部长来到我的办公室，要跟我深入地聊一聊关于民营企业公司治理的事情。我就把茶具一摆，四五个人围坐在我的茶盘四周，大家靠近了一起"唠嗑"，我熟练地操作，花式泡茶、倒茶，倒是增加了几分亲近感，原本十分严肃庄重的工作氛围顿时变得轻松自在了许多。

除了"放映厅"和"茶室"，身居斗室的我还有"衣帽间"和"图书馆"。

在第七届中国美丽乡村·万峰林峰会上作主旨发言

窗子对面立着一个文件柜，右侧狭长的空间里挂着我的一套备用西装，是为了防备在繁忙的工作中突然有贵宾来"袭"，我好快速准备接待。

不过柜子里最多的还是书，其中有些经典人文社科类、政治经济及企业管理类书籍，还有不少均瑶及党建相关的书与册子，包括《国富论》《道德情操论》《沉思录》《季羡林自传》《文明的进程》《孙子兵法》《习近平谈治国理政》《习近平讲故事》等等。最旧的是一本快要被我翻烂的《现代汉语词典》，扉页上还有我多年前的笔记，记录着词典里查不到的温州话字词。

柜子最底层则是一排排的各种红皮的获奖证书及聘书，像是二十年来我在峥嵘岁月中留下的一行脚印。旁边的卷轴是我自己写的一幅爨宝子书体的对联："九霄云薄秋无影、四野风和春有姿"，当时喜欢上爨体独特的古味，就意临了一幅去参加一个书展。对联反映的是春秋的美景，也是我心境的一种投射。

在这众多"光荣簿"之中，有全国民营企业文化建设优秀人物、上海市浙江商会党建工作特别贡献奖、2015—2016年度上海市优秀思想政治工作者、十二届徐汇区政协活动积极分子、上海市"两新"组织优秀共产党员、上海市红十字会荣誉证书、集团围棋比赛第一名等等，还有征文、论文获奖证书、企业文化管理师岗位执业证书，以及各种聘书，包括《解放日报》特约记者、浙商研究会研究员、上海市徐汇枫林社区基金会第一届理事会理事、上海市浙江商会党建联席会第一届理事会轮值理事长、上海市企业联合会民主管理专业委员会执行委员、徐汇区民营企业党建指导员、徐汇区政协书画院特聘书画师……但其中最有职业特征的是"上海市优秀党务工作者"的证书。

2016年6月30日，在上海市庆祝中国共产党成立95周年大会上，我作为上海市社会系统唯一获奖者，荣获了"上海市优秀党务工作者"称号并上台接受荣誉。

我想这份荣誉也是对我多年来深深植根于民营经济的沃土，为企业健康发展、为发挥好基层党组织的"两个作用"谋划所给予的一种肯定吧！

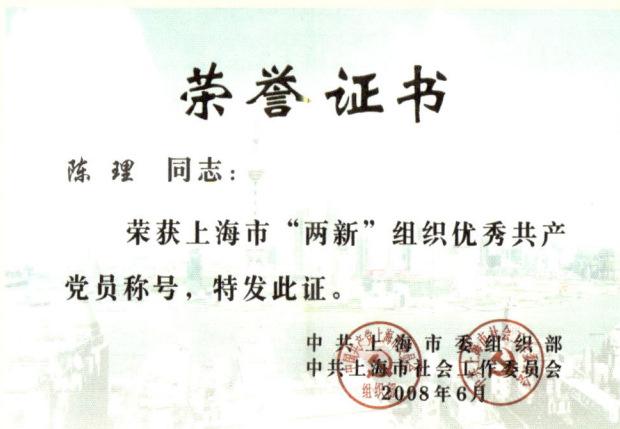

荣获上海市"两新"组织优秀共产党员荣誉称号

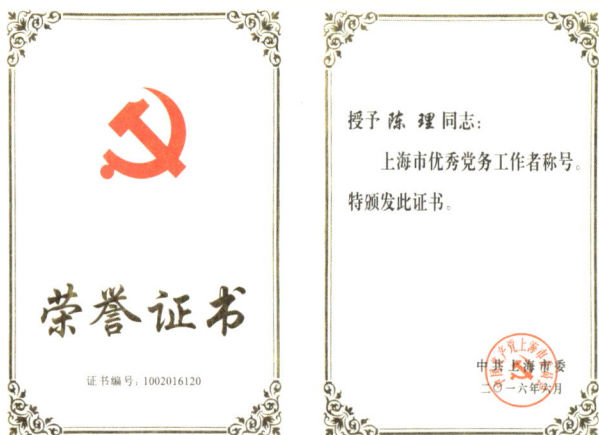

荣获"上海市优秀党务工作者"称号证书

　　我的个人荣耀同时影射出集团党建工作的成就。2010—2017 年，随着相关工作的不断深入，均瑶集团的党建工作也逐渐走向成熟。

　　在这一阶段，集团开始搭建各种党建平台，尤其是"党员工作室""党员认领项目"等让党员充分发挥模范作用的功能型平台。

同时，花大精力编写了《均瑶集团党务工作者执行手册》，对党建工作的具体执行流程进行了详细的规定和说明，确保了党建工作的规范化和标准化。2014年出了第一版，2017年再版。期间，接受了支部书记提出的不少改进意见。作为主编，我也通过学习完善了册子的内容结构，使其更加好用、方便，更加适应基层需求。

2018年7月25日，中央组织部非公企业党组织书记示范班在江苏昆山召开，要我去介绍均瑶党建，我与江苏红豆集团党委书记周海江被安排在开学第二天的下午，在课堂分别交流了做法和体会。我当时带去了新版的《均瑶集团党务工作者执行手册》作为交流"道具"。想不到这个特别的"道具"引起了书记学员的极大兴趣，轮流翻看着讨论着，一致地认为这本手册很有使用价值，特别对手册中活页的几十幅标示比例的表格赞叹不已，眼神中露出一种期盼。我答应寄给大伙交流指正，带班的中组部同志给了我一份电子版的通讯录，我一人一份寄出了50多本，他们收到后都有回复。

第三节　溢出阶段：2017—2024年

一直以来，均瑶党委组织设计好党委季度学习会、党委年度民主生活会，完善以职代会为主要形式的企业民主管理制度，将集体智慧发挥到最大化。发挥"三点一厅"（上海市非公企业党建示范点、全国党建联系点、中国浦东干部学院现场教学点和均瑶创业展示厅）的作用，通过均瑶党建微信公众号、《均瑶新闻》及微信公众号、《如意时空》《均瑶时空》、集团官网、员工手册、文化走廊等企业宣传媒介，大力宣贯、推广企业的核心价值观。党委还相继推出《党务工作者执行手册》《党支部工作手册》《均瑶集团党建工作考核评价办法》《均瑶集团基层党建工作考核表》《五星级党支部考评手册》等工作手册和制度，指导、考核支部建设。二级党委"接力"相应制定了执行细则，使得建章立制在整个党委系统落地，吉祥航空单位还结合民航业监管的要求，制定了《吉祥航空党建"十四五"规划》。

均瑶党委建章立制收获了良好效果，形成了系列场景图。打造了"党员工作室"、"党员认领项目"、均瑶党建实训学校、同舟汇党群服务站等党建品牌，延伸出了首席品牌官、媒体社、通讯员队伍等党管品牌内容，内外兼修提升组织力，品牌社会效应逐年扩大。49个"党员工作室"、近百个"党员认领项目"、近百名均瑶党校及分校骨干教师、上百位党建通讯员，在这些党建品牌中担任主心骨的都是一些优秀职业经理人、优秀党员。通过组织推荐和个人自荐的形式，大量优秀党员被挖掘和培养出来，为党员先锋示范作用提供了广阔的平台，也为提升基层组织力解决了"最后一公里"的难题。

2022年，均瑶集团股东会修改公司章程，将党组织的作用写入章程，在公司顶层设计上确定了党组织的地位，党建工作呈现多种场景，党建工作进入了巡航高度，全面加强基层党组织建设，主动成为巩固的战斗堡垒，党建工作再度迈上新的台阶。

均瑶集团党委成立20年来，虽然企业发展不断变化，党员流动频繁，但坚定的政治保障和方向引领始终毫不动摇，持续打造坚强的战斗堡垒，这与建立健全相关制度体系是密不可分的。

2017年以来，均瑶集团的党建工作已经形成了自己独特的品牌和特色，进入了成果"外溢"期。

我们的企业党建此时已扩展到了商会党建、楼宇党建、区域党建。为了进行党员经常性教育，建立了均瑶党建实训党校。设立了"同舟汇党群服务站"作为区域党建的阵地；在王均金担任会长的上海浙江商会，实行党建联动，我担任浙商党建联席会轮值理事长，联通了长三角140多家骨干企业和2万名党员，制度性地开展联建共建和定期的"走进式"系列交流，期间有"走进爱建""走进吉祥""走进华瑞"等党建联席几十场活动，针对党建存在的问题和解决办法，大家交流实践经验和分享中央对党组织的要求，活动针对性强，很受基层党组织的欢迎。

2021年6月，我牵头编制了《均瑶集团党建工作标准手册》，在党办同志们的努力下，得以在纪念建党100周年大会上隆重发布。编制手册贯穿了集团党建工作的始终，自2008年起，深感缺少"趁手"的工具书，便着手编制《均瑶集团基层党的工作指导手册》，很简陋，只是汇编了十几个文件和媒体报道，就如同饥饿时期提供的粗粮大饼，不好吃却解决了大事，开启了党建工作的规范化探索之旅。到了2014年续编了升级的《均瑶集团党建工作执行手册》，加入了航空公司的业务特点，全本活页令人耳目一新。均瑶集团党委在党建工作的规范性和有效

牵头编制了《均瑶集团党建工作标准手册》《均瑶集团党建工作执行手册》
《均瑶集团基层党的工作指导手册》

性上的探索和实践，是认真的、勤快的，以实际行动不断夯实党建基础。

党管品牌、党管宣传进一步深化，在集团公司设立了首席品牌官制度和媒体社，在主要的业务单位设立品牌小组和媒体分社，形成融媒体时代的传播矩阵。这是贯彻落实党中央关于实施品牌战略和"讲好中国故事、传播好中国声音"的战略部署。更是企业迎接信息化时代品牌建设和媒体传播的建设需要。

从2019年开始，党委创造机会让党委委员和二级单位负责人撰写系统思维论文，对党建工作和企业文化建设进行深入的研究和思考，为民营企业党建工作的创新和发展提供有力的理论支持。我们及时将一些有益探索的案例进行总结和思考，如长三角联席党建机制建设、党建工作标准手册、党建实训学校、重组企业的党建等等，以课题组的形式集中攻关，撰写了多篇理论性、探索性、实用性俱佳的文章。这些文章在众多学者和领导的文章群体中特别显眼，受到上海市党建研究会专家的支持、帮助和肯定。

进入溢出阶段主要标志体现在三方面：

一、"一册三图"普遍覆盖

积极发挥市委组织部、徐汇区委组织部直接联系单位示范点作用，"均瑶党建工作法"、四大党建品牌增强了自身建设，得到同行的认可。

确保提升组织力的"一册三图"（《党建工作标准手册》《组织结构图》《组织工作图》《项目进度图》）在浙江商会党建联席会成员单位，在徐汇区民营企业总部经济党建联席会得到借鉴和推广。企业内部，党管品牌衍生出首席品牌官制度，党管宣传组成媒体社矩阵。这些都通过建章立制固定并活跃起来。

二、修改公司章程，融入公司治理

2022 年启动并完成了上海均瑶（集团）有限公司章程修改，将党组织作用和企业先进文化建设写入公司章程，增加两条六款，以制度的形式形成顶层设计，融入公司治理。2023 年 9 月，中央社会工作部部长吴汉圣同志来上海调研期间，在市、区组织部主要领导陪同下来到均瑶集团，对业主成为党的同路人的实践充分肯定，认为均瑶集团党建工作的实质性作用是看得见的。

中央社会工作部部长吴汉圣同志调研均瑶集团

三、"又做又述"，实践与理论互相促进

连续 4 年向"上海市党的建设研究会"提交年度课题征文并获奖，得到理论界学者的热情指导和肯定，成为少有的民营企业党建工作"又做又述"——实践与理论著作互相促进的党组织。上海市党的建设研究

会期刊《党建通讯》是上海市党建理论的重要阵地，发表的文章多样化，有理论的有实践的，五花八门丰富多彩。其中95%以上的供稿者是高等院校学者、组织部门和大型国企，体制外的凤毛麟角。来自民营企业党建的文章"严重缺货"，民营企业党务工作者盼望看到从自己的小角度来阐述党建工作的文章。我们算是填补了部分空缺。多篇文章得到二等奖、三等奖、优秀奖的鼓励。在《组织人事部》《宣传通讯》等市委重要刊物上自撰文章多起来了，读者逐渐熟悉了均瑶集团这匹"黑马"。

第四章
六 大 品 牌

在长三角区域，民营企业一直比较活跃，尤其在党建工作上，有不少党建强、发展强的"双强企业"发挥了示范引领作用。其中，我所服务的均瑶集团可谓卓有成效的佼佼者。

均瑶集团党委在实践中建立了"一引领、二服务、三满意、四结合、五纳入"的党建工作法，推动企业创造社会价值。具体形成了"党员工作室""均瑶党建实训学校""同舟汇楼宇党群服务站""党员认领项目"、媒体社、首席品牌官等工作品牌。

第一节　党 员 工 作 室

"党员工作室"是集团党委品牌项目中最早、规模最大的项目。她美丽，像上海市市花；她挺拔，新华社曾经报道说是"三万英尺的上海'两新'党建新高度"。

在党支部创先争优项目、五星级党支部项目、党支部标杆项目的基础上，2014年提出了"党员工作室"的做法，将党的工作延伸到班组、柜台、灶台等一线工作阵地。

"党员工作室"以所在党（总）支部为领导，以党员的个人名字（或名字的谐音）命名，吸引普通党员和积极分子参与，一般为6—10人的团队，形成"支部领导，党员领衔，群英参与"的结构。其核心在于打造党员学习、服务、成长的新平台。

由此，基层党员、干部纷纷从自身岗位特点来设计"党员工作室"的服务定位和服务特色，撸起袖子跃跃欲试，出现了许多各具特色的"党员工作室"。

一、她的出生

2014年下半年，在上海市社会工作党委的支持和指导下，均瑶集团党委在基层党组织中策划推出"党员工作室"，在服务上以党员的岗位专长为特色，组织结构上以扁平化弥补科层制的不足，显得更加灵活高效，形成党员学习、服务、成长的新平台，激发出了基层党组织和党员的勃勃生机，受到企业、党员和群众的欢迎和拥护。

"一个支部一个项目"。从2011年开始，集团党委将党建重点放在支部层面，在服务上下功夫。创建服务型党组织的大气候，为集团党委深化支部工作、服务基层提供了充裕的"政策资源"。具备了"政策资源"后，党委又把重点放在了解决"最后一公里"的梗阻，在服务成效的目标下踢好"临门一脚"。从2012年开始，由集团党委委员、纪委委员组成的调研小组，已连续多年进行了多轮大型调研、指导活动。调研组成员深入到支部，与支部书记、委员、党员代表促膝谈心，分析情况，查找资源，落实措施，就地解决基层工作的难题，共同为支部建设"支招儿"。

在调研基础上，集团党委做好党委层面的设计和探索，提出了党委

"工作到支部，全党抓落实"的工作方针，围绕支部、党员两个终端显示，看成效，看结果。在相继推出党支部创先争优项目、五星级党支部项目的实践基础上，提出了"一个支部一个项目"的项目工作法。2013年结合服务型党组织创建活动，集团党委因势利导提出打造"标杆项目"，以员工的需要和推动企业发展为定位，紧密结合"服务企业、服务群众"的作用发挥，从解决企业发展中的急难险重工作、提升市场竞争力角度设立项目，在实践中发挥出党员的示范作用，体现服务细节。

在标杆项目的基础上，经过持续的调研与提炼，于2014年9月提出在基层党组织中创建"党员工作室"，把支部工作的重点逐步推进到"党员工作室"层面，将党组织的政治功能和服务功能进一步向一线延伸，落实在党员的工作岗位上。

"领衔人"带头出圈。"党员工作室"以所在党（总）支部为领导，以党员的个人名字（或名字的谐音）命名，吸引普通党员和积极分子参与，一般为6—10人的团队，形成"支部领导，党员领衔，群英参与"的结构。其核心在于打造党员学习、服务、成长的新平台。其工作定位在凸显政治功能，长期实践提高。发挥党员工作室成员的岗位优势和职业特长，多形式、显特长、有聚焦地持续运行，既是行政工作的助力和加码，又是党员实践"三服务"（服务企业、服务党员，服务群众）的平台，从而达到"党员奉献示范，服务精准到位，企业健康发展"的目的。

有多少位领衔人，就有多少个"党员工作室"。经过必要的申请流程，最后由均瑶集团党委命名，在现场显著位置亮牌，原则为成熟一个挂牌一个。自2014年9月推出以来，得到了各基层党组织的热烈响应，目前已经在上海、江苏、湖北、浙江等地挂牌了49个"党员工作室"，其中10余个示范型"党员工作室"。

二、她的内涵

"工作室要领"定机制。《党员工作室工作要领》，明确了"党员工作室"概念、定位、特点、规范保障及考核等具体内容。

《党员工作室工作要领》适用于均瑶集团所属单位党组织。相关工作定位为：凸显政治功能，长期实践提高，即发挥"党员工作室"成员的岗位优势和职业特长，多形式、显特长、有聚焦地持续运行，既是行政工作的助力和加码，又是党员实践"三服务"（服务企业、服务党员，服务群众）的平台，从而达到"党员奉献示范，服务精准到位，企业健康发展"的目的。

四大特点显优势。"党员工作室"的组织形式采取扁平式，突破科层制，具有四方面基本特点：

第一，精英化。"党员工作室"领衔人是有较高政治素养、较高专业技能、较高执行能力的党员。有专长，有影响力，能在党员群众中起到标杆作用和引领示范作用。

第二，个性化。每个"党员工作室"按照本部门、党（总）支部的不同特点和工作室成员的不同特长、爱好开展服务活动，践行服务承诺，带有很强的个性化。

第三，独特性。"党员工作室"不是部门的备胎，也不等同于支部的复制，它介于党支部和党员之间，比党支部灵活，比党员个人具有组织优势，易在专业领域攻关、企业形象出彩、特殊环境应急、人力资源补充等方面发挥出特殊作用。

第四，社会性。"党员工作室"活动方式是社会性的，服务对象也深入社会，获得的评价也来自社会（对内有党员群众的评价，对外有客户的评价）。

"未来规划"步步高。如何让"党员工作室"在实践中长期存在并不断提高，这一课题在前期被规划为三年，分为三个阶段进行实施。

2014—2015年6月为第一阶段（开荒播种）：重点在实践，主要研究"党员工作室"的基本状况，总结工作室建立、发展和成长的初步规律。在扎实推进第一批、第二批"党员工作室"的基础上，成熟一批推出一批。

2015年6月—2016年2月为第二阶段（田间管理）：是项目的升华阶段，从实践深化到实践结合理论。重点对项目的整体性和框架进行深入研究，期间结合个案剖析，探索其内涵与外延，在概念、模式、规律的探索上更加清晰明确。撰写调研报告《从党员工作室的工作特色看党员工作室成长和发展的规律》。

2016全年为第三阶段（传播推广）：以"党员工作室"为抓手，均瑶党建工作特色形成，带动整个均瑶集团党建工作的深入开展。逐步在市社工委归口单位及全市"两新"组织中推荐"党员工作室"有关作法和经验。与上海市思想政治工作研究会、上海市民营经济研究会党建工作委员会及新华社、《解放日报》等主流媒体建立合作，扩大宣传报道的渠道，使新时期新常态党员发挥模范作用的新形式——"党员工作室"在更大范围内进行推广，发挥党建示范点作用，成为全市基层党组织的示范典型，发挥同城效应。印发了《均瑶集团党员工作室》资料。

三、她的秀场

作为基层党组织"三服务"的桥梁、纽带，"党员工作室"把党员政治优秀、企业品牌、个人绩效有机地结合在一起，创新了党组织战斗堡垒作用和党员先锋模范作用发挥的模式，是与时俱进体现基层党建服务功效的有效形式。它把个人英雄主义和集体荣誉，尊重个人价值和崇尚团队精神有机的结合在一起，在四个方面实现了基层党组织、党员"三服务"工作新的突破。

"李国坤党员（教学）工作室"：做人的思想工作

"明天飞昆明，降落的技术要点有哪些?""昆明属于高原机场，空气比较稀薄，降落时要特别注意……"类似的"工匠精神"对话，不时出现在上海均瑶集团吉祥航空公司"李国坤党员（教学）工作室"微信群。

均瑶集团党委把党建工作逐渐延伸到了万米高空，吉祥航空飞行部的"李国坤党员（教学）工作室"就是其中的代表。2016 年，作为"党员工作室"的领头人，吉祥航空飞行教员李国坤已经有近 20 年的党龄和超过 1.3 万小时的飞行时间。

李国坤领衔的"党员工作室"是均瑶集团党委首个以飞行员名字命名的"党员工作室"，以机长个人名字命名，成员包括了其他 5 名资深机长。工作室以党员的责任感、高效率为动力，以"教学"为依托，开设了"答疑解惑""实践教学""案例分析"和"专家讲座"四种教学模块，多管齐下，为副驾驶、新机长、外籍飞行员和新教员提供了很好的交流、解惑的平台，快速提升了他们的飞行技术。

除了常规的教学培训外，"李国坤党员（教学）工作室"还准备在飞行员的心理状态调节上下功夫。他说："做人的思想工作，显然是党建工作大展身手的领域。"

2016 年除夕的前一周，吉祥航空空勤培训中心的小赵正在接受进行转升机长的模拟机训练。在淡淡的驾驶舱灯光下，平时训练一直很优秀的小赵突然发挥失常。他似乎被驾驶室特情发生时急促的警报声吓到了，一种难以摆脱的压力扑面而来——他飞行生涯中最重要的升级模拟机考试失败了！

消息很快传到了 A320 机型师李国坤的耳中。他对于小赵的理论和技能水平是比较了解的，他觉得以小赵的能力不该犯这些低级错误。飞行，除了基本技能和程序以外，心理和驾驶舱的资源管理也十分重要，很显然，一定有什么原因困扰着小赵。

李国坤执行完当日的航班后火速来到了飞行部，向他所在的分部询问近期小赵的思想动态和生活情况，后来还叫上了工作室的王列飞，一同赶往小赵家里。

在李国坤的帮助和鼓励下，小赵最终顺利地通过了考试。

在日常工作中，调动人的积极性不能靠说教，更不能盲目地"高八度"。入情入理才能说到人的心坎里。而要做到这一点，相当关键的又是设身处地用心观察，细枝末节给予实地帮助。这就是"李国坤党员（教学）工作室"先进性的魅力所在。

"李国坤党员（教学）工作室"还"孵化"出了"季风党员工作室"。

李国坤帮助小赵进行模拟机训练

"王新党员工作室"："航班准点之星"

王新党员工作室

　　"王新党员工作室"是由吉祥航空的运控党总支集中骨干力量成立的，旨在搭建个人能力发挥平台。通过深入调研、精准模拟，工作室先后成立了"航班正常性突击小队""三重航班保障小组"，分析研判航班运行各个保障环节，从航班时刻、出港方向、航路走向、航班联线等维度对航班计划编排进行优化，航班正点率始终保持高于行业平均水平5个百分点的步伐稳步前进，先后10余次冲入全民航月度航班正点率排行榜前三甲，提升了旅客出行体验，擦亮了"吉祥"品牌。

"王新党员工作室"新任领衔人庄力诺在进行展示交流

随着航班量如同雨后春笋般增长，航班延误成了旅客们旅途中常常不期而遇的烦恼。为攻克航班延误这一顽疾，2015年王新党员工作室牵头党员业务骨干组建了"航班正常性党员突击队"。这支"超级英雄"团队就像是天空中的"疏堵大师"，专治各种延误"疑难杂症"。面对满屏的延误信息、复杂的考核指标和大量的数据缺失，他们没有退缩，而是一头扎进了密密麻麻的表格和运行保障的各个复杂环节。突击队员们仔细研究，决定按照"延误问题分析、运行品质监控、每日运行实施"三个功能模块进行分工，找准主要矛盾。而且，他们不仅注重内部团结协作，打破部门间的"隐形墙"，还放眼整个航空界，分析对手，学习经验。党建引领，业务并进，协同签派、情报、性能团队，绘制最优航线，联手商务、运网部门提前布局，为航班安排最佳阵容。与飞行、客舱、地服、配餐等部门合作，如同精密的齿轮，紧密咬合，让航班过站如同行云流水，效率飙升。

就这样，一套行之有效的"航班正常工作"系统方法逐渐成形，公司航班正常率也像是坐上了火箭，嗖嗖地上涨，稳稳占据中大型航司的"前三甲"宝座。自民航局考核正常性指标 8 年来，他们更是分别于2015、2016、2018、2022 年四次摘得桂冠，成为了名副其实的"航班准点之星"。

所以，下次当你遇到航班延误，不妨想想背后有这样一群人在默默努力，才让大家的旅行得以更加顺畅无阻。

王新党员工作室"麦田项目"赴上海行活动

　　社会责任是党赋予企业的立身之本，是时代赋予企业的使命之源。"王新党员工作室"在运控党总支领取了新任务，实施了一场跨省助学的爱心行动"麦田助学项目"。

"磐坚党员工作室"：从不马虎，不畏牺牲

　　"磐坚党员工作室"的领衔人是无锡商业大厦大东方海门店总经理翁坚。2016年初的冬季，江苏南通市海门迎来三十年一遇的极寒天气，全市多个小区出现水管爆裂的情况，严重的甚至水表都被冻坏不能正常运转。此外，其他办公室和营业场所也出现类似情况，若不及时处置，肯定会严重影响商场正常营业。

　　无锡商业大厦大东方海门百货有限公司物业部设备主管施健华第一时间抵达现场，并迅速在途中电话通知全体维修小组成员立即集合。

施健华在对配电设施进行巡视检查

施健华是"磐坚党员工作室"的一员，曾在 2013 年被评为"优秀大东方人"，连续多年被评为优秀员工。

这些工作是他的本职工作，可是他是用十二分的用心和一百分的责任心在完成，从不马马虎虎、得过且过。在每次设施设备的检修现场，在每次门店安全隐患查处地，在每次突发设备事故的抢修现场，不管刮风下雨，严寒酷暑，都能在最短的时间内看到施健华带领着他的维修小组忙碌的身影。这支大东方海门百货物业部工程维修组也被大家亲切称为"一支能打硬仗的突击小分队"。

石磊磊耐心地安慰、陪伴小女孩

"磐坚党员工作室"还有一位成员石磊磊的故事也很令人感动。2016 年的父亲节，海门店举办了"父爱如衫"的亲子活动。细心的她发现了一个大哭的小女孩。原来小女孩的父母工作比较忙，父亲和女儿一起完成作画之后以为就差不多了，于是留下孩子的姑妈，自己匆匆赶回去开会了。石磊磊了解情况后，默默地抱起小女孩，轻轻拍打着她的背安慰她。待小女孩的情绪恢复些后，她抱着小女孩给她讲故事，讲笑话，还拿出小礼物送给她。小女孩的脸上总算出现了一些笑容，也开心地拍下了参赛的照片。

当天的活动很成功，活动结束时很多小朋友还意犹未尽，期待着下一次的参与。

"忠诚党员工作室"：与春天约定

2017 年 1 月 17 日，一个平平常常的冬日，天气阴沉，体感湿冷。位于上海市浦东新区惠南镇最东首的远东村，一如既往的寂静、蜿蜒交错的乡间道路上，行走着一位壮硕的中年人。一位年近八十岁的大娘，在路口等候如期到来的"亲人""忠诚党员工作室领衔人"李忠诚，这是他第三次到帮扶对象家了。

李忠诚（左 1）与困难村民进行亲切交流

李忠诚是爱建集团纪委副书记、纪检（监察）办公室主任、党委办公室主任。自 2007 年起，爱建集团就与远东村签订了结对帮扶协议。

10年来，爱建集团瞄准村民的实际需求，帮助远东村建起独栋老年村民活动室，解决了老年村民"唠嗑"难题；筹建村里的一条水泥道路，解决了部分村民出行难问题；"忠诚党员工作室"承接了每年春节前的困难户家庭慰问，为部分困难户家庭送上了党组织的温暖。

世外教育集团："党员工作室"群英会

合肥世外党支部刘峰领衔的"刘峰党员工作室"以校园食品安全为工作重点，并逐步参与到校园安全管理中，在校党支部的正确领导下，积极开展工作，服务广大师生，校食堂整体服务水平逐步提升，得到了家长、师生的一致好评，在合肥市包河区已成为一面旗帜，吸引了诸多学校前来交流学习。

由宝山世外党支部书记吴佩芸领衔的"云上党员工作室"在上海全面推进城市数字化转型的背景下，作为世外教育集团的试点单位，推行教育数字化转型，打造世外教育集团数字化转型的新名片，使数字化成为学校教育现代化的重要引擎。

"云上党员工作室"领衔人吴佩芸在进行展示交流

世外教育集团的"珍爱（教学）党员工作室""勇往直前工作室""匠心党员工作室"，在家校沟通、优化教学方面有的放矢，发挥重要的作用。动人的故事说不完，这里点到的仅仅只是集团里诸多"党员工作室"里的一个个片段而已。伴随着中国特色社会主义前进的步伐，均瑶集团党委不断书写着一个个真实鲜活的故事，如同民营经济长河中的一朵朵浪花，映射出该领域党的建设从无到有，从小到大的发展历程。

第二节　均瑶党建实训学校

2019 年 5 月 6 日，《中国共产党党员教育管理工作条例》发布。该条例以习近平新时代中国特色社会主义思想为指导，以党章为根本遵循，对党员教育管理的内容、方式、程序等作出规范，是新时代党员教育管理工作的基本遵循。其目的是为了提高党员队伍建设质量，推动全面从严治党向纵深发展，夯实党长期执政基础，实现党伟大执政使命。

同年 11 月，又有了《2019—2023 年全国党员教育培训工作规划》，目的是通过规划的实施，提高党员教育培训的针对性和实效性。均瑶党委按照党中央的要求，结合企业党员强烈的需求，创造性地建立了"均瑶党建实训学校"（以下简称"均瑶党校"）。

一、上海市委党校的"变奏"

2019 年 7 月 25 日上午 9∶30 时，"均瑶党校"秋季班正式开学仪式，在上海市委党校大礼堂举行。来自均瑶集团全国各地的党支部书记和部分支部委员近 200 名学员参训。

庄严的市委党校一切都是按部就班的进行，这一天，尽管事先有约定，一下子涌入 200 名学员，负责后勤的职工本来趁着暑假大家可以轻松一点的。尤其是这波学员没有慢条斯理，相反动作快、走路小跑、吃饭快，弄得负责食堂的职工差点接不上，幸亏他们训练有素，马上适应了这部分学员的节奏，整个教学和后勤回归到有序的节奏。

开学典礼上，我作为党校校长作了开学讲话。

为"均瑶党校"2019 年秋季班作开学讲话

我从"我们为什么要办党校""在党校采取什么样的学习态度""我们在党校学什么"，对广大学员提出了要求。对"均瑶党校"而言，挂牌只是开始、开学只是开端，以后每一步，都要扎扎实实地走，这也正是"党建工作方法论"在党校办学中的体现。均瑶党校，要办就要办好。

在庄严雄壮、激昂有力的《国歌》旋律中，简短而庄重的开学典礼很快结束。随后，开始了第一天的紧张教学。

上午，中共上海市委党校科研处处长、国家社会科学基金重大项目首席专家、上海市马克思主义研究会副会长兼秘书长周敬青教授，以她的精品课程"学党章　守规矩　作表率"为均瑶党校学员上了"开学第一课"。周教授严谨的治学风格、详实的史料摘录和富有感染力的教学，使广大学员对党章这个总遵循有了更深刻的认识。

下午，李忠诚、陈蓓、梅松、徐建军4名内聘的骨干教师完成了首秀，每人15分钟，精心制作的PPT让大家手眼并用，教学效果极好。

李忠诚是爱建集团党办主任，陈蓓是吉祥航空飞行部党委书记，梅松是爱建集团财产部总经理，徐建军是集团党委党办主任。他们都是均瑶系统的老员工了，并拥有较高的学历。我们是从第一批骨干教师中选拔出来的精兵强将，力争一炮打响。四位骨干教师果然不负众望，精心准备了课件，以饱满的政治热情和严谨的学识，定义了"均瑶党校"骨干教师。

二、一份办校章程，寻找教育真谛

如何在民营企业党组织内部创新党员教育培训机制、开展向内自我教育，满足广大党员群体对学习培训的需求和渴望，促进党的工作，助力企业的发展，是均瑶集团党委通过调研提出的最急迫、最重要的工作任务。面对这个任务，均瑶集团党委创新性地给出了自己的答案：建立属于自己的党建实训学校。

均瑶党校"业务要点

——持续提高党员政治素养，追求全面发展。要将政治素养融入党校办学骨髓，均瑶集团要做"百年老店"，均瑶党校一定要坚持办下去。实践中培训锻炼骨干教师，率先提高骨干教师政治素养和演讲技巧、组织能力。

——建设企业先进文化，促进企业健康发展。均瑶集团经过长期实践概括出"一二三四五方法论"，是政治素养和集团实际相融合的最好体现，符合党的要求和企业发展规律。党员要率先学习"一二三四五方法论"，形成实践案例并广泛宣传。

——增强党员联系实际解决问题的本领。结合企业先进文化，将党建和业务相结合，联系实际。学员要在学习中开拓视野，跟踪新时事，把握新趋势。

——"两委"委员：理想信念强，业务专家，视野开阔，发展潜力大，全面提升学养。

——支部书记：理想信念强，业务行家里手，岗位标兵，持续提升本领。

——普通党员：关心政治，学习自觉，钻研业务，兴趣广泛，在岗位提升。

明确组织，规范制度

"均瑶党校"通过《中共均瑶集团有限公司委员会党建实训学校章程》，完成了组织设置、筹集经费、教务执行等，不增加一个编制，全部发挥了党员的先锋模范作用；成立 6 个分校，实现了集中式管理和复制化延伸；每年授课上百次，历年共培训党员上万人次，对企业党员开展经常性和常态化的党性教育提供了坚实的基础和保障，为民营企业党员经常性教育提供了新路径和新思考。

"均瑶党校"实践出真知的定位和新的特点，能够解决理论和实践脱节的问题，很好地解决大型民营企业党员经常性教育的刚需，成为党员学习、交流、成长的平台，锻炼了学习、思考、演讲能力。以教促学。办学要求一直做到优秀企业家带头讲、党校校长巡回讲、骨干教师

"均瑶党校"校长巡回授课启动仪式

认真讲、支部书记接力讲、党员学员用心学，讲课的同时也是锻炼，是成长的平台。这些，为企业团队建设赋予了蓬勃的生命力。

"均瑶党校" 2019 年秋季班为期 4 个月，共开设 18 个班，覆盖集团所有基层党支部和业务板块。采用 "1＋N＋1" 的教学组织模式，以小班化教学为主，设计了必修课、选修课、自主课等课程形式，强调学员主体地位，充分体现教学相长、灵活机动、师徒带教等教学特点。本次培训班还充分考虑到学员平时工作较忙的实际，请假流程从简、考勤记录从严，设计了大量选修课，供学员自主选择，但对学时完成数达不到 3/4 的学员，不予结业。

"均瑶党校" 经历了新冠疫情暴发等困难和挑战，但通过自身规范的管理、创新的授课模式和执行经验克服了这些困难，两年内即发展出 6 所分校，选拔了 60 余名任课老师，授课上百次，共培训党员 7 000 人次。这样的成绩与均瑶党校极强的组织性和可复制的实践经验是分不开的。

精准调研，教学相长

均瑶党校的开放性体现在两点：一是精准调研，以职工党员的实际需求为初心，安排调整教学工作；二是教学相长，以多种形式增强师生交流，互相促进教学工作。

民营企业党校最重要的教学对象是民营企业的广大职工党员，如何准确把握职工党员的经常性教育需求，正确设置民营企业党校的办学目标和教学规划是民营企业党员教育最重要的出发点。为了确保把握教学重点，精心筹备、覆盖前中后期的教学调研是重要前提。

均瑶党校在兴办之初和教学过程中都坚持开展党员学习培训需求调研工作，在课时安排、授课方式和课程内容等方面广泛征求党员意见，虚心听取党员声音，持续进行调整完善，确保精准发力于党员教育的重点、难点，确保党课教学始终为党员的真实学习需求服务。

作为"均瑶党校"校长作巡回授课第一讲

以教促学。优秀企业家带头讲、党校校长巡回讲、骨干教师认真讲、支部书记接力讲、党员学员用心学；以学促教，学生在学习过程中踊跃提出问题、给出建议、表达需求，这些宝贵的反馈意见都将作为均瑶党校进一步提升和改进的重要方向。以教促学，以学促教，为党校持续开展教学活动赋予了生命力和动力。

因企制宜，灵活创新。 民营企业党员教育要想不流于形式、不"削足适履"、真正发挥实效，根据企业特性、企业需求和企业员工教育培训目的开展灵活创新尤为关键。

均瑶党校综合考虑了企业组织形式、员工实际需求，在组织模式上开展"总分结合"，在课程设置上采取"1＋N＋1"的时间安排模式，在课程形式上采取必修课、选修课、自主课（现场教学、学员论坛）的学习模式，在授课方式上采取实践与理论相结合的"微党课""行走中的党课"等活动模式，真正做到"量体裁衣"，让培训发挥实效。通过党校教学，均瑶集团各业务板块之间、各党委之间、各学员之间加强了横向沟通和互相学习，产生溢出效应，这些都为均瑶党校建设赋予了蓬勃的生命力。

三、"均瑶党校"生长记录

初创期（2019年）：搭台起灶，从无到有。 2019年5月，均瑶集团党委开始为党校的成立配置师资力量，选拔了首批4名首席教师和16名骨干教师，均瑶党校基础师资力量配置到位。6月25日，在均瑶集团庆祝中国共产党成立98周年大会上，徐汇区委常委、组织部部长沈山州和我为均瑶党校正式揭牌，宣布成立。

7月25日，均瑶党校首届秋季班在上海市委党校正式开学，12月16日在上海市徐汇区委党校正式结业。本次秋季班共推出必修课、自主课和选修课共29节，195名正式学员分成18个班级参加了培训。

徐汇区委常委、组织部部长沈山州（左）为均瑶党校揭牌

发展期（2020 年）：扩大规模，拓展分校。2020 年，受到新冠疫情冲击的均瑶党校坚持继续开展教学活动。为应对疫情影响，保证教学的延续性和有效性，均瑶党校将教学链条延伸至二级党委，爱建集团、吉祥航空、华瑞银行、世外教育、九元航空、无锡大东方 6 家党校分校挂牌，由各二级党委书记任分校校长，由所在党办编制教务计划，在不同地区、不同企业板块中进行教学工作。

当年，均瑶党校总部根据分校党员教育需求和教学规划编制年度《均瑶党建实训学校（某某分校）教学手册》，与分校党校共同选拔并培训了 60 余名任课老师，总计授课上百次，培训党员 4 000 余人次，实现了规模的可复制性拓展。

完善期（2021—2022 年）：提升质量，求良求优。2021 年 11 月 26 日，均瑶党校 2021 年秋季班在均瑶国际广场正式开学，2022 年 1 月 14 日结业。本次秋季班以线下授课、空中课堂、小组讨论、实地演练等多种形式共同开展，推出必修课、自主课和选修课共 57 节，802 名正式学员分成 24 个班级参加培训，成为集团党内集中培训涉及学员人数最多、覆盖层次最广、规模最大的一次。

在恢复集中培训的同时，均瑶党校及各分校继续积极探索和开展常规党课授课模式，2021 年 1 月至 2022 年 10 月共计授课 131 节，覆盖听课人数超过 7 000 人次。

四、3E 教学解烦愁

我们"无可选择"地选择了 3E 教学法作为"均瑶党校"的办学方式。

3E 教学法即是以体验（Experience）、探究（Explore）与表达（Express）为核心，将这三个要素融合在一起的一种教学模式，旨在深化学生的参与、实践与表达。体验教学，通过模拟真实情境的体验教学，让学生亲身体验学习内容，以加深理解；探究教学，则是引导学生自主探索，通过多元学习方式解决问题，培养探究能力；表达教学则鼓励学生以多种形式阐述见解，促进思维与沟通技能的发展。

3E 教学法可以全面促进学生知识、能力及情感成长，激发学习兴趣，强化学生问题解决、"均瑶党校"就是采取了 3E 教学法为基础进行教学的。实践证明，这个教学方式比较适合在职、业余，在实践中做到教学相长。

首席教师，骨干教师。均瑶党校不断增厚师资力量，现已形成"外部专家、校务会成员、首席教师、分校校长、党校骨干教师、分校任课老师"六级教师队伍，内外共同发力。徐汇区委党校与均瑶集团党委共建，委派师资上门授课，解决了最关键的高层级师资问题。

截至 2022 年，均瑶党校通过主动报名和党委（支部）推荐的形式，聘任具有较长党龄和丰富工作经验的党员同志组建了 50 余人的教师队伍，并根据教师的专长制定不同的课件，满足了党史学习、党务实操、企业文化、工作技能等方面的教学任务。邀请外部专业讲师开展教学培训、党校校长巡回授课、优秀授课人展示评比会等多项措施，为骨干教师们演示教学范本、提供学习平台、组织评优评先，鼓励和要求骨干教师加强自我能力提升，保证教学质量。这既是"打铁先要自身硬"，又是骨干教师的"福利"。

除了从内部挖掘骨干教师，均瑶党校也注重从外部寻求师资。

上小课、上"活"课。对于任课老师而言要把党的要求党的战略学习消化，转化成自己的智慧和能力，结合本单位实际情况，化小、化细、化实，结合岗位工作和业务特点以小故事、小角度进行授课，有观点，有场景，展示自己的思考和解决问题的能力。要善于虚心交流学习，善于吸取营养，精心打磨出一堂政治性强、立意高、又生动有趣的课件。在难得的教学实践中丰富自己的职业生涯，提升自己的能力。

林为华是集团党委组织部主任，专职党务工作者，工作重点在于"均瑶党校"教务处的各项工作，兼任骨干教师，同时又是好学的学生。她的课程就是从自己所熟悉的领域着手的。她需要花较多的精力去听其他骨干教师的课程，这是学习新知识，提升复合性工作的需要；同时，也是教务处工作需要，她必须掌握教学质量和进度。

教学设置新模式。民营企业具有极强的组织灵活性，为配合业务开展与市场扩张的需要，往往以"职能总部＋业务分公司"的形式进行组织设置。这样的现实情况要求党员教育必须和企业生产实际相适应，用灵活创新的组织形式来保证教育培训对党员覆盖的全面性。

首先，在课程设置上，均瑶党校考虑到企业的业务发展和经营实际，创新设立了"1＋N＋1"的教学安排，即开学集中培训 1 天，结业集中培训 1 天，期间由各个小班以 N 种教学方式分散教学 N 次。在保证重要课程不缺席的前提下，用学分评价机制要求学员在培训期内修满一定数量的选修课，方便学员自主安排学习时间和学习规划，提升了学员的学习积极性、参与主动性和自主学习能力的培养。

其次，在课程体裁上，均瑶党校打造了"微党课"模式，将一般党校培训中 1.5—2 小时的常规党课进行分解、提炼和重组，变成 15—40 分钟的"小课"和"短课"，用小故事诠释大道理，打动人心。这样的教学形式增强了党课的灵活性、趣味性和知识密度，有助于提升在职学员的参与度和积极性，使党校实现了充分利用碎片时间和工余时间开展教学的目标，有效地解决了生产与学习时间相冲突的矛盾。

最后，在教学形式上，"1＋N＋1"模式中的 N 为开放式学习过程的概括性指代，包括班主任带教课、自主选修课、现场教学、学员论坛等丰富的教学形式，课程性质又包括必修课、自主课和选修课。这些教学过程不仅在党校教室内开展，更能够在会议室、革命纪念馆、车间厂房等多场地进行，教学内容也不局限于理论知识，教学安排总体呈现出"大集中、小分散、机动灵活"的特点。在这种模式下，均瑶党校及各分校在实践中不断创新，产生了"联合授课""空中课堂""实地教学"等多种新的教学形式，党课培训更加丰富多彩。

五、这就是骨干教师

"均瑶党校"最突出的特点，一是"党建"，二是"实训"，拥有一支来自职工身边的骨干讲师队伍，由优秀的党务工作者和业务骨干组成，首批 16 名骨干教师，都是自愿参与的、觉悟高、能力强的支部书记，"愿干、能干、有威信"。在首期骨干教师培训快要结束的时候，我开玩笑说，白手起家创办了党校，大伙都是"联合创始人"。

党办主任徐建军讲授《一颗种子扎根沃土蔚然成林——改革开放交响曲中的均瑶音符》课程

均瑶集团的党办主任徐建军，就作为党校的首批 16 位骨干教师之一，投身于党校的教学工作中。他敏锐地捕捉到了改革开放发展史这一宏大叙事的教学价值，设计了课程《一颗种子扎根沃土蔚然成林——改革开放交响曲中的均瑶音符》，寓意着改革开放如同一部宏大的交响曲，而均瑶集团则是其中不可或缺的音符。这一课程在党校成立大会上作为"大课"首次亮相，反响热烈。深刻的内容、生动的讲述深深吸引了在场两百多位党员领导干部的关注。

他认真梳理中国革命史、改革开放史等资料，不断深入思考，将课件几经打磨，并努力提升演讲水平和授课技巧。每一次讲课，他都会对内容进行更新，加入一些新的元素，并对原有内容进行了筛选和优化。这个过程不仅丰富了课程内容，也极大地促进了他的个人成长。就这样，他的课程逐渐成为了一门备受欢迎的精品课。

爱建集团党校分校方明华的《爱建证券基层党支部建设实践交流》：

在对标党中央、上级党委在基层党支部建设方面相关要求的基础上，从党支部先锋示范和文化引领两个角度分享交流爱建证券基层党支部建设重点工作，突出展示了证券基层党组织党员在基层一线服务企业发展、服务群众需求、践行企业文化、传播爱建品牌的良好风貌。

九元航空党校分校江志杰的《党员工作室的 5W 管理模式》：从价值（Worth）、方向（Way）、内容（What）、时机（When）、主体（Who）5 个 W，探索出"党员工作室"的管理模式，详细阐述了"党员工作室"的转变历程、工作重心以及"三服务"的核心价值观。主要突出"维修作风""航空安全"及"技术创新"三方面内容，以民航局"三基建设""三个敬畏"为重要理论依据，秉持九元人"无创新不九元"的精神，积极发挥"党员工作室"的引领作用，讲好民航安全、讲好工作作风，讲好企业文化，从而起到"点亮一盏灯，照亮一大片"的效果。

爱建集团党校分校吴淳的《信托服务国家战略，创造美好生活》："雄关漫道真如铁，而今迈步从头越。"以史为鉴，信托业唯有紧随党的领导，不忘初心、回归本源，服务国家战略，创造美好生活，才能使行业再次焕发青春，迎来更大的发展。

华瑞银行党校分校李旭平的《新形势下银行党员工作室建设探索》：以"旭平党员工作室"为例，对新时期商业银行党员工作室形势变化及工作要求作了认真分析。工作室通过微信公众号的运营、与其他工作室结对共建等形式，努力成为本行内部之间、本行与兄弟单位之间沟通交流的桥梁。并结合建党百年以及进一步加强和完善党员工作室的要求，提出了下一步的工作措施和计划。

吉祥航空党校分校陈晨的《奋斗百年路　起航新征程——党建工作对飞行作风建设的引领和深化》：通过业内作风典型正负面案例，说明作风建设对于飞行人员管理的重要意义。依据民航局、华东局、公司、飞行部四级文件对于作风整顿工作的明确要求，结合党建在作风建设工作中的重要意义，阐述了吉祥航空飞行党委通过特色党建活动，充分发挥了基层党组织在飞行作风建设的战斗堡垒作用，积极落实党组织对作风建设的指导意义。

世外教育团党校分校罗婷梅的《巾帼心向党 红色永相承——我的党员母亲刘三姐》："眼中有光，心中有人"，通过党员母亲刘三姐的故事，以小见大折射出9 000多万普通的共产党员扎根在自己平凡的岗位上，坚守党员的初心和使命，把红色力量传播给更多的人。

无锡商业大厦集团党校分校金秀勤的《坚守入党初心 弘扬劳模精神——当好新时代的追梦人》：围绕个人从一名普通员工到省劳模的成长经历，重点讲述作为一名基层党支部书记应当如何在企业发展中发挥党组织和党员的作用和作为。一是甘于奉献，立足本职，履行入党誓言；二是坚定信仰，在实践中不断锤炼党性修养；三是永葆党性，将个人成长融入到百年老店的建设征程。

无锡商业大厦集团党校分校缪军的《永葆建百年老店激情 大力弘扬"四千四万"精神——同心打造大厦集团高质量发展"红色引擎"》：围绕无锡商业大厦企业发展的三个阶段，重点阐明了党组织在企业发展不同时期所发挥的作用和作为：一是党政同心，大厦集团创业步履融入"四千四万"精神塑造；二是党群合力，凝聚起大东方股份转型关键时期蓬勃力量；三是党建引领，奏响均瑶集团大消费新时代再腾飞主旋律。

吉祥航空党校分校鞠宗霖的《青年突击队——火线上的尖刀和利刃》：介绍了伴随着党的百年征程，青年突击队在不同历史阶段所发挥的重要作用。分别从新民主主义革命、社会主义建设、新时代三个时段，通过场景带入的方式，分享了青年突击队的奋斗旅程。

来自吉祥航空党校分校的"90后"骨干教师庄艳菲，以《信仰的力量》为题，高起点覆盖，用扎实的事例，丰沛的感情感染了听众，在第二届骨干教师授课比赛中勇夺一等奖。"新世代"90后"出师"了，跟着"师姐师兄"进入了均瑶党校骨干教师行列。

第三节　党员认领项目

项芳毯，一位充满活力的70后，看上去俨然顽皮小伙子。

这里讲的只是众多"党员认领项目"中的一个。说到底，"党员认领项目"就是我们将民营企业党建工作场景化的产物之一。想让党建发挥市场作用，就需要给到大家一个平台去发挥。有些小事情，例如维修一下电脑等等，甚至只是想个问题，打个热水，都可以让人自愿认领，这个就是党建工作的场景化或者说精细化。均瑶集团，党员认领项目已超过一百个，重要的是还在不断更新中。

项芳毯的本职工作是在爱建集团负责资金结算。除了日常工作以外，他还有一项坚持了多年的爱好——跑步。

原先在均瑶集团总部工作时，他就参与了"党员认领项目"，成立了"小飞象跑团"。

曾经重达80公斤的他，通过坚持跑步运动，成功减重至65公斤。于是一传十，十传百，大家都知道了他的减肥成果，纷纷向他取经，想要和他一起运动。正好赶上"党员认领项目"的提出，项芳毯觉得是个不错的机会，于是便组织起一群热爱跑步的人，一同跑了起来。

后来，跑步不仅让他收获了健康，还让他结识了一群志同道合的朋友。虽然后来因工作调动离开了总部，但那份热爱和坚持一直伴随着他。

来到爱建后，他继续坚持跑步，又带动了更多同事加入，并参加了"天平跑团"的活动。

"天平跑团"是一个以天平派出所为主要单位，同时包括天平街道附近多家企事业单位的跑步团体。由于爱建集团是天平街道下属的企业，每年都会赞助街道的跑团活动。正是在参与"天平跑团"活动的过程中，项芳毯逐渐熟悉了其中的跑团成员，并萌生了成立自己跑团的想法。

于是他又依托"天平跑团"，组建了"爱建跑团"，并得到了爱建集团工会的支持。

项芳毯组建了"爱建跑团"

"爱建跑团"的活动时间非常灵活，无论是定期的周末跑，还是不定期的中午跑，只要天气条件允许，他们随时开练。此外，他们还会报名参加各类跑步比赛，利用工会的资源和名额优势，享受跑步的乐趣。

哪怕是在疫情期间，他们也会通过在家做运动、互相监督打卡等方式，保持良好的运动习惯。甚至在参与志愿服务的同时，穿成"大白"也不忘跑上一圈。

跑步已经成为了项芳毯生活的一部分，它不仅让他保持了健康的体魄，还让他感受到了团队合作和志同道合的力量。自从认领了这个党员项目，他感到原本松散的组织逐渐变得更加规范了。他们不仅设定了固定的活动日，比如星期二和星期四中午，进行定期的拉练或其他训练活动；还拓展了活动范围，比如，为即将到来的上马比赛作准备，他带领大家前往苏州独墅湖进行了一次拉练。那天清晨，他们共同完成了跑步20公里的挑战。

此外，他深感自己责任重大。成立跑团，不仅仅是为了聚集一群热爱跑步的人，更重要的是要构建一个有序、有责任感的集体。他不仅需要做好后勤工作，确保每次活动的顺利进行；同时也要关注每一位团员的状况，特别是女团员和跑步速度较慢的团员，必要时提供陪跑和支持，帮助他们保持适当的心率，避免受伤。

在路跑时，安全更是首要考虑的因素。他们要时刻提醒团员注意路况，避免崴脚等意外情况的发生。作为这个项目的负责人，他的每一个决定和行动都关系到团队的凝聚力和每一位团员的安全与体验。

因此，他更加坚定了要把这件事情做好的决心，而不是仅仅满足于拉起旗帜，更是要真正用心去经营这个团队，让每一位团员都能感受到归属感和成就感。他相信，只要他们齐心协力，就一定能够打造出一个充满活力、和谐向上的跑团，共同享受跑步带来的快乐与健康。

项芳毯还在微信上开通了视频号，名字叫"小飞象一路前行"，介绍栏写的是"一名马拉松爱好者"。里面全是他和自己的跑团或训练，或参赛的场景，积极向上的氛围令每个观看视频的人深受感染和触动。

无论是晨曦时分，还是华灯初上；无论是烈日炎炎，还是雨后天晴；梧桐树下，运动场上，到处都有这些活力跑者的身影。他们跑在钢筋水泥之间，跑在马拉松跑道上，步伐坚定而有力。他们用脚步丈量着世界，用汗水浇灌着梦想。每一次抬脚、落地，都是对自我的挑战与超越，每一次相视和微笑，都传递着温暖与鼓励。

一个人可以跑得很快，但一群人可以跑得更远。平时不善言辞的项芳毯，用自己的行动诠释了坚持与热爱的真谛，并激励着每个人勇敢地迈出步伐，向着心中的目标奋力奔跑。

第四节　"同舟汇"楼宇党群服务站

"同舟汇"的创办和运行在第七章"风雨同舟"详细介绍。

第五节　媒　体　社

2003年11月，彩色四开铜版纸《均瑶新闻》印发，给人耳目一新的感觉。我们在一版发刊词提出的"为改革呼吁，为均瑶立言"办报主旨，固定了每月出版日期和版面定位，第二年，《均瑶新闻》荣获了全国优秀企业报刊特等奖。

2021年9月，在这样一个信息爆炸的时代，均瑶集团通过媒体融合的策略，构筑起软实力的坚实基石。

一、呼应时代新需要

这是一段关于创新、挑战与融合的故事。

均瑶集团的媒体融合之路，始于对新媒体影响力的深刻认识，也始于搭建集团旗下各个公司间桥梁的迫切需求。

在全球化的浪潮中，信息传播的速度和广度已经超越了以往的任何时代。均瑶集团作为一家具有前瞻性的企业，深刻认识到新媒体的影响力，并将其视为企业发展的新引擎。这不仅是对外部环境的适应，更是对内部资源整合的一次大胆尝试。这不仅是为了降低沟通成本，提高宣传效率，更是为了在激烈的市场竞争中，形成集团的合力，共同迎接挑战。

于是，建设起属于均瑶集团自己的"旗舰"型媒体平台，成为了一项刻不容缓的任务。这个平台，将承载着集团的愿景和使命，成为连接各个产业、各个公司的纽带。它将是一个信息共享的平台，一个创意碰撞的场所，一个品牌传播的窗口。

这个平台的建设，不仅仅是技术上的突破，更是理念上的革新。它将打破传统的宣传模式，采用更加灵活、互动的方式，让信息传播更加迅速，让品牌形象更加深入人心。通过这个平台，均瑶集团将能够更好地讲述自己的故事，传递自己的价值观，塑造自己的品牌形象。

二、构建媒体小生态

2021年均瑶集团新闻宣传会议上，董事长王均金指出，在这个人人都是通讯员的自媒体时代，我们要扩大新闻宣传平台，多方发声：要全媒体融合发展，主动策划，提高新闻宣传工作影响力；集团与成员公司之间的宣传要形成矩阵，步调一致，发挥协同效应；要加强数字化传播手段，符合当下时代的需求。

之后，我们日夜兼程忙碌起来，搭建了均瑶自己的"旗舰"型媒体平台，持续不断地学习理解移动互联网的运营方式、考核体系，更新理念、操作上的纵横经纬，当一切都梳理清楚时，我们在众多同事协同下，形成了广泛的共识与一整套可操作的方法——我们终于初步构筑了自我服务、自我促进、服务公司、自身建设与有效传播的载体，形成了媒体生态圈的雏形。

均瑶集团媒体社联盟签约仪式

于是就有了这个值得纪念的日子：2022年11月25日，均瑶集团媒体社联盟签约。会上，均瑶集团媒体社首批成员：吉祥航空分社、九元航空分社、爱建集团分社、华瑞银行分社、大东方分社、均瑶健康分社共同签订《均瑶集团媒体社联盟条约》（以下简称《条约》）。根据《条约》，联盟的成立将在均瑶集团内部形成"一次采集、多次生成、多元发布、多级放大、多渠道融合、多平台互动"的新型媒体协同机制，提升均瑶集团及旗下品牌竞争力，加快向媒体融合的转型与升级，发挥1+1+1+1+1＞5的跨板块宣传效应，为新时代鼓与呼，为企业先进文化立言。除此之外，《条约》约定了社长等人员的任职条件与发布程序，包括一级"全网推送"；二级"按情况转发"；三级"按行业属性"；圈群转发。

三、内外融合定规矩

随着均瑶集团媒体社平台的搭建，属于均瑶集团自己的"旗舰"型全媒体平台初具模型，融合顶层设计更加聚焦体系化、系统化建设，以"资源集约、结构合理、协同高效"为建设要点，均瑶集团媒体社已经基本建立起各媒体分社的纵向发展链条，呈现出集团化、矩阵式的群体合力。截至2023年11月底，以"两微一端多账号"为特征的均瑶集团媒体社全网粉丝总量超过1 159万。

作为首任媒体社社长。我为媒体社制定了"施政"路线——三大目标：一是，建立均瑶集团内部媒体生态圈，达到各板块协同，充分利用联盟成员的媒体资源，促进百年老店的企业文化协同发展；二是，媒体社将以传播的安全、健康、高效为出发点，树立长期的、规范的传播价值观与新闻观；三是，媒体社传播能力持续、大幅提高，通过传播能力的提高，建设起一支优秀的宣传队伍。随着均瑶集团媒体社不断发展壮大，吉祥汽车、世外教育也成为均瑶集团媒体社新成员。

均瑶集团媒体社全媒体传播体系建设强调各个媒体分社之间的相互串联、互帮互助的融合架构，为各分社建设提供体系化思路，发展夯实各媒体分社结构，丰富全媒体传播体系建设成果。在媒体社近一年的实践探索中发现，增强全媒体传播体系中的"中部力量"——各媒体分社，能起到中部突围的关键作用。目前，均瑶集团媒体社以一体化建设为基础，形成具有规模效应和品牌效应的传播体系，聚合融媒体传播效力，完善全媒体传播体系。

通过传播能力的提高，建设起一支优秀的宣传队伍是均瑶集团媒体社的一大目标。基于全媒体传播体系建设需求，《条约》中对各媒体社社长、分社社长、审核人、编辑等任职资格要求做了明确阐述。均瑶集团媒体社通过采编共享、协同互推、通联分享等机制体制积极推进人才结构优化；通过"一季一报"的媒体社简报，阅读量排名等方式提升新媒体人的舆论感知力和内容创造力，激发新媒体内容的探索和实践。

经过两年的布局实践，均瑶集团媒体社已实现 27 种跨媒体平台，132 个公司级账号的传播矩阵。这一成就，不仅体现了均瑶集团媒体社的传播能力，更彰显了其在全媒体时代的竞争力。

四、平台初显尖尖角

据不完全统计，截至 2024 年 6 月底，均瑶集团媒体社共拥有三种类型纸质宣传刊物，包括 2 份定期出版的企业报：《均瑶新闻》《爱建报》，3 份定期出版的杂志：《均瑶时空》《如意时空》《爱建视界》，5 本出版书刊（2023 年度）：《品牌建设发展报告》《社会责任报告》《沪上工商业研究史料②》《挚友　郭秀珍大姐》《我们一起坚守——2022 年爱建报荟萃》。31 个对外展示的官方网站。

新媒体平台方面，均瑶集团媒体社持续构建"两微一端多账号"全媒体传播矩阵，即以微信、微博为主阵地自办客户端的同时入驻各大传播平台，不断完善移动传播体系。均瑶集团媒体社共拥有 24 种新媒体平台 132 个公司级账号，全网总粉丝（用户）数超 1 200 万。平台种类包括：微信订阅号、微信服务号、微信视频号、微信小程序、新浪微博、抖音、小红书、APP、Facebook、Instagram、哔哩哔哩、大众点评、今日头条、京东、拼多多、天猫、网易号、微盟、百度贴吧、携程、有赞、美篇、支付宝、知乎。

其中吉祥航空拥有账号种类最多（12 种），均瑶医疗账号数量最多

（37 个）。

构建"自我造血"可持续发展平台。132 个公司级账号中有 44 个微信订阅号、20 个微信视频号、11 个抖音号、11 个微博号、9 个小红书、8 个微信服务号等等。其中，中万粉以上账号有 63 个。粉丝（用户）中微信订阅号粉丝数 387 万（占比 34%）、微信服务号粉丝数 236 万（占比 20%）、微博粉丝数 164 万（占比 14%）、微信小程序粉丝数 38 万（占比 3%）、微信视频号粉丝数 4 万（占比 0．3%），"两微"总粉丝数占比近七成，是均瑶集团媒体社"头部力量"。自建客户端也积累了不少用户，占比 5%。

粉丝（用户）数增长性方面，与 2022 年同期相比成长最快的三大平台为分别为小红书、抖音，微信视频号，其中抖音、微信视频号是短视频平台，小红书是生活方式分享平台（包括文字、图片和视频笔记的分享）。而短视频发展并非"单打独斗"，而是形成以"短视频＋"为范本的合作模式，其中"短视频＋直播"在技术、形态和内容等日趋融合的当下应运而生，成为新的热门传播样态。吉祥航空十七周年在抖音直播间首次机票直播首秀持续 10 小时，超过 160 万人进入直播间，累计成交额突破 5 700 万元，位列直播当日团购带货榜榜首。此次直播首秀是均瑶集团媒体社融合经营的有效探索，以此为典型，均瑶集团媒体社将逐步构建"自我造血"的可持续平台。

五、融合报道强内容

均瑶集团媒体社从试运营到正式成立一年半的时间里，围绕"建立内部生态圈协同发展；树立长期主义传播价值观；传播能力持续提高"三大目标不断探索，截至 2024 年 6 月，均瑶集团媒体社联盟完成 24 次"一级全网推送"；3 次"二级按情况转发"总阅读量近 6 万。

围绕纪念统一战线 100 周年、全国两会等重大主题事件，均瑶集团媒体社全网推送"党建之友：王均金（上）（中）（下）""王均金：浙商要在大变局中保持韧性""王均金：长期主义的双向奔赴""均瑶高质量发展的'压舱石'和'护卫舰'""王均金代表民营企业家发出上海市民营企业高质量发展倡议"等稿件传递企业价值观、塑造领导人形象，借助平台优势阅读量提升近 5 倍。

业务推广方面，是展现均瑶集团媒体社融合报道发展成果的重要舞台，围绕"吉祥大出行"重点事件媒体社推出系列融合报道："'吉祥大出行'空地服务新体验""'吉祥大出行'扣动扳机：首批云兔昨天交付！""'吉祥大出行'首创航陆一体化智慧出行服务生态"，通过预热海报、朋友圈长图、发布会总结、金句短视频等以矩阵化的传播模式形成宣传合力。

面向未来，均瑶集团媒体社将继续深化全媒体传播体系的建设，根据不同业务单位、不同阶段的宣传目的进行重点布局。通过深耕内容传播、打造信息枢纽、拥抱新型技术，不断提升企业美誉度，激发媒体内驱力。

拥抱新型技术，在全媒体传播体系搭建中，积极拥抱 5G、人工智能、元宇宙、云计算等前沿技术，推动媒体融合实现主流化、智能化、生态化的发展目标。通过智能化技术的应用，均瑶集团媒体社将为用户提供更加个性化的阅读和观看体验，如通过用户行为分析，推送定制化的内容等。媒体社将继续以其独特的视角和声音，讲述中国企业的故事，传递时代的力量。

第六节　首席品牌官

多年来，均瑶集团对自己的品牌有着明确的发展目标："品牌建设有规模、文化锻造有成果、顶级媒体有声音、顾客与社会有口碑。"我们一直实行多品牌战略，均瑶集团旗下品牌众多，产品品类众多，要凸显品牌集群效应，就需要强有力的品牌建设和管理支撑。

一、品牌的运作需要强大的体系保障

在日益增多的品牌发展的态势下，我们发现集团管理的难度在增加，根据工作性质和需要，为了更好地、更全面地做好品牌管理、协同工作，2011 年 5 月，我们发布了《均瑶集团品牌资产管理办法》（后修订为《均瑶集团品牌管理办法》），从媒体采访、广告发布、商标管理、危机公关等方面做了制度性安排和规定，该办法实施的颁发，标志着集团的品牌工作迈向了一个新台阶，进入到了规范化管理的通道。

经过几年的发展，公司业务逐步扩展，品牌逐渐增多，人员队伍日益庞大，对外交流增多，市场化程度越来越深，对于品牌管理的要求越来越高，但我们发现现有的管理方法、制度需要深化与改革，跟上，甚至要超过业务发展的脚步，才能让品牌在战略层面起到关键性作用。

二、在实践中"升级爆改"

在一次突发的舆情危机事件发生时，我发现《均瑶集团品牌资产管理办法》中的流程仅仅是"半躺"着，没有实际高速地"跑"起来，负面舆情危机考验着由品牌部门牵头下的整个大组织的抗风险能力、应对能力，我深刻意识到，品牌需要战略化，站在最高层系统化思考才能形成品牌意识，品牌管理是企业品牌在多变的市场环境中立于不败之地的法宝！不仅仅是那一次慢半拍的危机舆情处理过程，还有诸如产业间的沟通"肠梗阻"，协同不及预期等问题……我想，是时候来一次"升级爆改"了。"协同"二字是何其重要，企业组织枝繁叶茂，需要强有力的协同筑牢庞大的根基，归拢零散的力量。

王均金董事长签发了《均瑶集团首席品牌官制度》

　　经过长期的调研、座谈、总结，在 2018 年，我们在公司开辟了一个新的职能岗位——首席品牌官，专门负责品牌战略管理与运营，就企业形象、品牌以及文化进行内外部沟通，对内建立品牌建设的核心组织，能够调动公司整体资源，快速有效地开展工作。首席品牌官的人选为该公司的一把手，或一把手指定的公司级领导。作为开展全面品牌管理的重要抓手，发布《均瑶集团首席品牌官管理办法》，让集团品牌工作能够"在思路上有创新，行动上有步骤，制度机制上有保障"。《均瑶集团首席品牌官管理办法》是《均瑶集团品牌管理办法》的延伸和细化。并在总部召开了新闻发布会，聘任了第一批首席品牌官，会上由王均金董事长签发了《均瑶集团首席品牌官制度》（以下简称《制度》），并为第一批首席品牌官颁发了聘任书，分别为吉祥航空、九元航空、爱建集团、华瑞银行、大东方，皆为各产业的一把手或分管品牌工作的班子成员，把品牌工作升级到了公司治理的顶层设计中。2019 年设立了"品牌官"岗位，每家单位甄选出 3—5 位品牌官，来自于各部门一线工作者，为首席品牌官提供内外部信息，作为首席品牌官的"眼"和"手"，每季度为首席品牌官提供建议报告。发展至今共任命首席品牌官 15 人次，品牌官队伍也在不断扩大优化，已有 25 位。

三、品牌队伍扩大　专管格局形成

《均瑶集团首席品牌官管理办法》的实施执行工作有条不紊地推进，为集团品牌战略的构建、运行，取得了明显的成绩，以首席品牌官为引领的品牌管理架构，形成了品牌专管的格局，首席品牌官所属的公司都设立了独立的机构、部门，对自有品牌实施专业化品牌进行管理，强化品牌意识，与当前消费市场主流需求所对接，从提升品牌的量级出发，提升了公司产品的竞争力。

各重点产业公司均设立有专管的品牌部门、配置有专业人员，新成立产业公司没有专管部门的均设有专职或兼职品牌管理岗位，少数没有部门、岗位的公司已在集团推动下设立了该职能，保证了横向品牌部门之间沟通顺畅，提高了工作效率。

四、"一会一训"机制　提升理论层级

自 2018 年以来，每年举办两次"首席品牌官联席会议"，集团及产业公司首席品牌官、品牌人、市场人、通讯员共同参与，总结、分享品牌工作亮点，设想未来工作计划，抛出难点共同探讨研究。为了让队伍更专业，举办培训会"名师讲堂"，聘请专家学者，为大家提升专业能力，打开视野，提升理论。如中国公共关系协会副会长董关鹏教授、江南大学博导沈毅、交通大学余明阳教授、西安欧亚学院工商管理博士曹成、文汇报新

媒体中心主任王蔚、上海品牌与企业文化研究所所长周元祝等专家，带来应急处置、舆论引导、品牌营销、新媒体营销等方面的课程，成为品牌人值得期待的活动，同时也吸引着非品牌条线的同事们争相报名。

五、形成品牌合力　助推产业发展

随着产业公司品牌意识不断增强，五大业务板块十几个成员公司之间协同性明显增强，舆情的传播和管理全面加强。媒体采访、广告发布、商标管理、危机公关等方面的管理均有所提升。大家就重点项目如：大数据分析、整合营销、如何讲好品牌故事、各产业的协同性、资源最大化等问题进行研究探讨，品牌间相互借力、合作、资源共享形成良好的平台化效应，各品牌活跃度明显增强，着力于提升私域流量的价值，在此过程中不断重视、研究自有消费者形态和需求，不断增强合作的质量，获得良好的效果。

无论从会议现场到会后项目搭建，从品牌掌舵人到一线通讯员，完成了从"大胆设想"到"落地执行"的一系列项目搭建通路，形成了快、好、顺的"现场办公"高速场景，把问题集中一网打尽，更好地践行"效率文化"。产业间的合力正日益紧密，发挥着巨大的不可预估的作用。

而今，对内对外，各板块首席品牌官们带领着有梦想、有追求的品牌人，对内聚合力量，对外探索创新，一步步擦亮均瑶品牌的金字招牌。

第五章
建章立制

战斗堡垒是具体的。

是由七梁八柱构成的，这七梁八柱是什么？主要是建章立制。

中国共产党的历史，就是建章立制的历史。

中共建章立制的历史是一部不断总结经验、与时俱进、推动党和人民事业不断向前发展的历史。从党章为代表的建章立制，每一次修订和完善都是对党的建设和党的事业发展的深刻反思和有力推动。

均瑶集团党委成立后，勇于探索、大胆实践，建章立制，逐渐形成以"一引领、二服务、三满意、四结合、五纳入"为核心理念的"均瑶党建工作法"。

"一引领"指政治引领，引领企业发展方向，引领企业为社会创造价值，建国际化现代服务业百年老店。

"二服务"指服务党员、服务社会。

"三满意"指让上级党委满意、出资人满意、职工满意。

"四结合"指将党的理论与企业文化建设相结合，将工作定位与理顺生产关系相结合，将党建与品牌建设相结合，将政治知己与经营参谋相结合。

"五纳入"指党的工作机构纳入企业治理结构，党员先进性纳入企业绩效考核体系，党员和员工的思想教育纳入品牌建设，党务工作经费纳入年度预算，党的工作纳入企业年度工作计划。

与严格的建章立制相对应的是随意。民营企业的党建工作不能毁在随意。我们实践中一直在寻找严格的自我约束的建章立制，这是战斗堡垒的基础支撑。

建章立制，是建设党组织战斗堡垒的七梁八柱，在均瑶集团党建工作体现了鲜明的特色，我将它比喻为党建百花园盛开的梅花，也是为接下来的严肃的叙述增添一点轻柔气氛。

第一节　悬崖独暄妍

党建高标准才能促进企业高质量发展。在民营企业中推进党建标准化，打造坚强的"战斗堡垒"，恰恰又是最难的点。《均瑶集团党建工作标准手册》的出台，不仅标志着均瑶集团在党建工作上从初始的"指导"到"执行"再到"标准"的深化，展现了其在党建工作方面的持续探索和创新，更是值得思考和借鉴的宝贵经验。

以标准化方式推进党的建设，就是把标准化的理念和方法运用到党建工作中，从而提高党的建设质量。党建标准化是对政党执政规律和党的建设规律的科学把握，将标准化建设作为政党治理的手段、途径和方法。民营企业党组织通过标准化来规范党建工作，对企业提高党建质量和有效性具有非同寻常的意义。

均瑶集团党委自 2008 年起制定并施行《均瑶集团基层党的工作指导手册》，在实践中不断充实完善。在建党百年之际，宣布施行《均瑶集团党建工作标准手册》，为民营企业党组织探索标准化党建道路提供均瑶智慧。

《均瑶集团党建工作标准手册》厚达 200 多页、共计 11 万字，从党委介绍到理念特色，从党建方针到目标分解，还有管理职责与制度、工作程序和流程图等诸多部分，包罗均瑶集团党建日常工作之万象。

集团党委以《中国共产党支部工作条例（试行）》为指导，以《均瑶集团党建工作标准手册》为贯彻，帮助和指导各企业与商会组织的党建工作实现标准化。还需强调一点：建立党建工作标准一定要从实际出发。单纯讲标准即没有标准。

民企党建难做，所以需要建立民企党建特有的工作标准和流程，尤其是特有的组织体系。《均瑶集团党建工作标准手册》的实践，也得到了王均金董事长的认同，因为党组织的进步在方方面面都带动着企业的进步。

集团党委以施行《均瑶集团党建工作标准手册》为制度性抓手，取得了较好成效，有力地引领和推动集团健康发展，实现了加强制度建设，夯实党建基础，促进发展的目标。

一、形势迫人急

2004 年 11 月 2 日，全国"两新组织"（新经济组织、新社会组织）党的建设研讨会在上海海鸥饭店召开，中央党校副校长李君如主题报告《加强精神学习，提高执政能力》。中组部组织局副局长张国隆说，"有困难来上海，困难就迎刃而解"，"两新"组织已经成为一支重要力量，数量达到 2 763 万家，其中私营企业 300.6 万家，全国非公经济占三分之一，上海也占三分之一，是完善社会主义市场经济体制的需要，目前少人才、缺场所、缺经费，党建工作者若不及时跟进，滞后效应越来越明显。"两新"组织党建正处在十字路口。上海利用成功经验，主动适应社会变化，进行有益探索，总结出四条经验：构建管理体制建社工委；创新党组织，支部建在楼上；欢迎社会化党务工作者方式；注重宏观思考。11 月 3 日，我作为唯一来自民营企业的参会代表参加小组发言，首次提出"一服务三满意"（服务企业中心工作，上级党委满意、出资人满意、职工满意）。

随着改革开放的深入，经济社会的快速发展，上海"两新"组织得到了迅猛的发展，截至 2020 年，上海非公经济占全市 GDP 的 54.8%，税收占 69%，共有 14.7 万家实体经营的非公企业和 1.7 万家社会组织，其中党员 28.4 万名，占"两新"从业人员 5.1%。已建立"两新"组织党组织 1.9 万余个，占全市党组织数的 20%，其中 360 多家设立党委（童强：上海"两新"组织党建的发展历程与实践探索，《上海党史与党建》，2021 年第 4 期，第 73—79 页。）。在全市各级党组织和广大党务工作者的努力下，积极探索适应"两新"组织发展快、变化大、人员流动多、企业情况各异的特点，以加强基层党支部书记队伍建设为重点，不断推进"两新"组织党的组织覆盖和工作覆盖，加强"两新"组织党建工作，积极发挥党组织作用，促进企业健康发展。上海"两新"组织在落实三大战略、一个平台任务中，在打造五个中心、强化四大功能、建设五个新城以及发展五型经济中，发挥着越来越重要的作用，成为城市基层党建的重点领域。

党建工作标准化建设，把庞杂的基层党建工作，简化为管根本、可考量的指标体系，顺应党建工作规律，是提升党建质量的有效方式。是坚持辩证思维，科学施策，久久为功，以标准化引领规范化，以规范化提升基层党建工作质量的有效手段。上海近年来在各级组织部门和"两新"组织党务工作者努力下，党建取得了明显的成效。以党建工作标准化来推进党建工作长效性、有效性建设，使之融入组织、融入管理、融入公司治理，形成可遵循、可查验、可考核，促进党务工作标准化，这是前提。只有实现了党务工作标准化，才有条件推进党建工作标准化，进而推进党建工作高质量发展。所以说，党务是基础，党建是过程，发展才是结果。这是"两新"组织党建工作亟待突破的难点、痛点，需要组织部门推进和党务工作者辛勤细致的努力。

随着党组织的发展，如何确保民营企业党建高质量发展成为均瑶集团党委思考的新问题。党内法规制度系统为全面从严治党提供根本遵循。但是，由于党内法规体系庞大、数量众多，基层党组织很难全面掌握和执行，尤其是"两新"组织，公司治理中党组织和党务人员的设置存在不确定性，制约了组织力，制约了党建质量的提升。根据党建需求和公司实际，制定标准作为制度的操作尺度，将管党治党制度体系转化为具体可操作的工作流程、方法和指南，有助于解决制度落地"最后一公里"的难题。

二、廿年常微吟

基层党组织标准化规范化建设是十八大以来党的建设工作的重大创新，对落实全面从严治党要求、提升党的建设科学化水平有着重要的作用。长三角新经济组织中，一批大型企业率先在实践中探索出了不少方式方法，有力地促进了党建高质量发展，促进了企业健康稳定发展。

均瑶集团党委是上海市第一批"两新"组织党建工作示范点，比较早的发现问题并针对存在的问题寻求解决方案。2004 年我参加全国"两新组织"（新经济组织、新社会组织）党的建设研讨会，并代表均瑶集团向大会上提交了《试论非公企业党建工作法——关于均瑶集团党建创新的思考》论文，获三等奖；论文在 2006 年 6 月获得上海市委保持共产党员先进性教育活动领导小组、上海市党的建设研究会授奖；
2007 年入选《全国基层党建案例》。

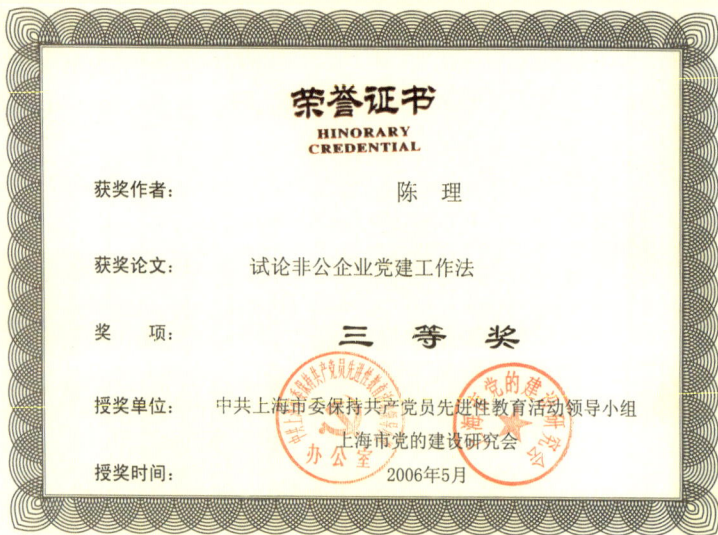

荣誉证书
HINORARY
CREDENTIAL

获奖作者： 陈 理

获奖论文： 试论非公企业党建工作法

奖 项： 三 等 奖

授奖单位： 中共上海市委保持共产党员先进性教育活动领导小组
上海市党的建设研究会

授奖时间： 2006年5月

《试论非公企业党建工作法——关于均瑶集团党建创新的思考》论文荣获三等奖

2008 年编撰了《均瑶集团基层党的工作指导手册》，2012 年 3 月作
了修订，定名为《均瑶集团党务工作者执行手册》。为了夯实党建工作
的有效性和党务基础，在党建工作的规范性和有效性上一直在探索和实
践。按照新时代企业党建工作的新使命、新任务，均瑶集团再次从实践
需要着手，并广泛调研借鉴了优秀企业的做法，于 2021 年 6 月编制
《均瑶集团党建工作标准手册》，着眼点从初始的"指导"到"执行"再
到"标准"，着重增加了执行的刚性，突出了数据要求，制定了"党务
人员专职、兼职"的标准，确保无论何时何地，党建工作有人做有保障
有考核，把基础工作一步步做实、做真。均瑶集团党委在标准化的基础
上建立了"一引领、二服务、三满意、四结合、五纳入"的党建工作机
制，形成理念上、制度上、方法上的全链条衔接。均瑶集团党委的实

践，使得党组织和党员高质量发展，持续、坚定地发挥政治引领作用，企业高速健康发展。

对此，已经有一些民营企业在党建标准化方面进行了有益的探索和实践。例如江苏红豆集团党委较早颁布了《红豆集团党建工作标准》，对红豆集团规范党建工作、提升党建水平起到了良好的促进效果，也得到了广大党建专家学者和民营企业党务工作者的肯定和赞扬，为我国民营企业党建工作的规范化、科学化发展产生了积极作用，并在时代的实践中进行不断的修正和完善。多年来，红豆集团党委坚持发挥党组织的政治核心作用和政治引领作用，创新民企党建工作方法，坚持把党建融入企业管理，把党的政治优势转化为企业的发展优势，创造了"一核心三优势"的党建经验，"一融合双培养三引领"的党建工作法，"五个双向"的红豆党建工作机制，首创了中国特色现代企业制度，即"现代企业制度＋党的建设＋社会责任"，加快转型升级、打造红色民企，努力突破人力、土地和环境三大资源瓶颈，实行了绿色低碳生产，使集团保持了每年两位数以上的增长。

浙江传化集团党委也是较早就已经开始推行党务工作标准化管理，形成了较为系统的党建工作制度。在流程化编制过程中，一方面，为确保流程的全面、准确、可行，对原有党建制度体系进行重新审视，结合实际进行修订完善，为建立流程清晰、权责对应、运转高效的制度模式奠定基础；另一方面，对原来没有以制度形式固定下来的做法，重新编制订立制度，使流程化体系相对较为完整，内容更加充实。建立标准流程。在流程清晰、要求明确的基础上，传化集团党委按照"标准流程、标准方法、标准语言和标准模版"的制度体系建设要求，编制并运作流程，形成了涉及组织建设、班子建设、队伍建设、作用发挥机制等方面的 28 项制度及流程，并根据实际，形成了相应的工作表单。比如，为规范考核工作，建立了基层党组织绩效考核标准程序，明确了考核步骤和要求；为体现党员的先进性，建立了党员"亮身份、明承诺"考核标准程序；为更好地发挥党员的先锋模范作用，建立了党员"责任区""示范岗"管理标准程序等。

三、对症好下药

基层党组织标准化建设，规范化是前提，也是基础。一方面，要以规范化建设为重点，以规范化建设推动标准化建设；另一方面，要进一步探索标准化建设，推进党建工作的各项标准提高度、上水平。基层党组织要遵循这样的逻辑，结合工作实际，按照《中国共产党章程》《中国共产党支部工作条例（试行）》和相关党内法规开展工作。但是近年来，基层党组织出现软弱涣散，党建工作虚化、弱化、边缘化的倾向。主要表现在以下几个方面：

一是规范性不强。很多民营企业的基层党组织，因为处在一个市场经济环境里面，党建工作往往规范性不强。没有明确规定专职党务工作人员的认定标准和人员职数，在设置上存在明显的差异和随意性。并且基层的党务工作人员多数是兼职，大部分精力是在抓企业的业务工作，在党的基础实务当中缺乏能力和精力，对党务就存在了解不全、掌握不准、不懂规范、不会操作等问题。

二是长效性不够。从全国、全市来讲，基层党组织特别是"两新"党组织，企业变化之大，人员流动之大，支部书记的流变性都是有目共睹的，由于行政工作调动导致缺少支部委员的基层党组织不能及时增补委员，党支部工作无法正常开展。支部书记没有担负起全面工作，对党建工作认识不深或是重业务轻党务的情况时有发生。党工团组织基础数据更新不够全面和及时，未能发挥进行数据的比较和分析的效能。同时没有固定化、长效化机制就会使基层党组织成为一盘散沙，无法发挥"战斗堡垒"作用。

三是操作性不强。这是党建工作出现反复的技术原因。由于没有对基层工作设置考核项，在组织工作年度考核过程中发现考核表中一些内容存在粗、空、虚的情况，对基层党组织的指导作用不强。基层党组织没有将党建监督工作落实到位，没有尽到积极鼓励党员行使权力、履行监督义务的责任。

我们之所以制定《均瑶集团党建工作标准手册》，就是为了解决上述问题。

四、绽开天下知

一是呼应实践需要，解决实践诉求。实现党建工作标准化，旨在解决民营企业党建工作中存在的不规范问题，夯实党建基础、提升党建质量，将党建工作政治优势、组织优势转化为企业创新优势、发展优势，同时为民营企业标准化建设提供指导。均瑶集团党委首先确定了党务工作者尤其是专职党务工作者的定位，他们是做好所在组织党建工作的重要力量和工作主体，他们的业务能力和组织活动能力，都取决于所在党组织的工作标准化程度。在"技术"方面确定了专职、兼职党务工作者的定义和KPI权重、组织工作的考核、学习活动的常态化和党员模范作用平台的多样化建设，等等。

二是推进党建工作标准化是一个持续不断的实践和探索的过程。均瑶集团党委从2008年编制《均瑶集团基层党的工作指导手册》开始，到2021年制定《均瑶集团党建工作标准手册》，历经14年，坚持党建工作制度化、规范化、标准化贯穿始终。特别是党的十八大以来，集团党委立足基层党组织工作实际需求，紧紧围绕基层党组织工作做什么、怎么做的核心问题，不断完善丰富，形成了一系列可借鉴、可推广的经验。

三是《均瑶集团党建工作标准手册》作为加强党建工作制度规范在企业内部形成共识并得到推广，关键在于其不仅具有很好的指导性，而且具有可操作性。《均瑶集团党建工作标准手册》既认真贯彻中央、市委关于党建工作总体要求，坚持党的领导，把握企业发展方向，又立足企业发展实际，就集团党委管理职责、管理制度、党建工作程序、工作流程及集团党建理念与目标分解等方面，为党务工作者们提供了看得懂、学得会、用得上的加强民营企业党建工作参考书，手把手教大家怎样做党建，怎样做好党建，为进一步规范党建工作提供了制度支持和实践范本。

五、一招解百愁

一是严格执行党内法规，规范基础工作。严格遵循《中国共产党章程》《中国共产党支部工作条例（试行）》，在"均瑶党建工作法"的基础上，要求各基层党委的工作机制与集团党委工作机制相衔接、并轨，结合实际情况不断创新发展，确保工作目标明确、工作机制科学、工作开展顺畅。设立重要信息发布平台，学习借鉴国内优秀企业党建工作的经验和有效做法。

选优配强支部书记及班子成员。选拔能力强的优秀党员担任支部书记，并确保有相对稳定的任期。按照"愿干、能干、有威信"的标准配齐配强支部班子成员。落实"三会一课"，充分发扬党内民主，激发普通党员参与党内事务的政治热情，将每个党支部建设成坚强的战斗堡垒。

对各业务板块、业务单元党建工作，严格按规定设置党组织，并在工作中进一步理顺基层党组织的设置。严格履行对下级党组织的监督、考核、保障的职责。严格执行党组织换届选举制度。严格执行党费管理制度和党员档案管理。认真做好党内统计工作，及时更新相关数据。加强和重视后备队伍建设，认真做好党员发展工作。集团党委按照直属管理、委托管理、协作管理的形式进行党组织管理。异地控股企业新建党委，由集团党委与所在地党委组织部门沟通联系，建立共管共建机制，原则上由集团党委主管。已有党组织的，原有党组织隶属关系不变，同时建立与集团党委的工作指导关系。

二是规范党建工作制度。对标党建高质量发展标准，建立健全党建工作制度体系，规范操作，约束行为，保障执行力落实和目标的实现，分时间段建立可考核的实施细则和任务清单。落实在组织工作方面，包括建立健全"项目清单""十件实事"等约束性指标，细化条目，做到专人负责，逐项落实。

健全和完善党委和二、三级党组织领导班子学习制度；坚持党建工作考核制度，重点抓好对党员、党员干部、党组织的年度工作考核；坚持党委委员（干部）例会制度；坚持党务公开制度；坚持以党代会、党委工作制度、党务公开为重点，积极推进民主集中制原则的落实，形成健康的党内生活机制。坚持干部竞争上岗制度，规范"三会一课"制度，坚持新党员和入党积极分子培训教育制度，完善入党对象政审的"双调查"机制。

在基层党委层面，建立健全"党委系统管理工作若干规定""基层党委年度考核制度""年度民主生活会""季度两委委员例会""人才库"等制度。建立健全"代表常任制""党政联席会议制度""党组织参与企业重大事务研究（决策）制度"等加强组织工作的相关制度。党委、纪委班子成员要过双重组织生活，积极主动地参加所在党支部、党小组的活动。

在党（总）支部层面，坚持把抓好党支部基层基础作为工作成效的试金石，作为检验基层党建工作成效的基本标准。党委班子成员要采用分片包干等方式联系指导党支部，重点做好支部书记的培训。提高基层党委领导班子推动支部建设的能力和效果。把党支部战斗堡垒作用、党员先锋模范作用与先进评比、绩效考评有机结合起来。

三是规范专职党务工作者的岗位认定与职数配备。针对民营企业存在的专职党务工作人员认定标准和人员职数规定不清晰等普遍问题，均瑶集团党委为加强"带头人"队伍建设，结合企业实际，充分利用行政资源，融入公司治理，明确提出"专职不是全职""倡导专职避免全职"观点，厘清了专职与全职界限，出台专职党务工作人员岗位认定标准和职数配备标准。

明确了专职党务工作人员标准：一是在企业内主要分管党务工作，并担任党内职务的；二是在企业内明确负责日常党务工作的；三是党务工作权重占比达 30% 及以上的；四是党务职务比行政职务突出的；五是在工作中进入 KPI 考核的。达到上述三项及以上的，认定为"专职"；少于三项的，认定为"兼职"。

专职人员职数配备：党委层面，考虑到各个单位工作量和岗位设置的差异性，一般设置专职党务工作人员 3—7 人；特殊情况暂时少于 3 人的，所在党委要作出说明。建议党（总）支部党务工作人员实行兼职；兼职党务工作人员一般不限制职数，根据需要合理设置。

四是规范党内政治生活及其教育培训形式、内容、要求。提高民主生活会质量。各级党委每年按照《中国共产党章程》要求，召开一次民主生活会。党委、纪委班子成员会进行充分的理论学习与调研交流，形成的书面讲稿紧扣主题、质量上乘，会议时批评与自我批评言简意赅，会后对提出的问题列出整改清单逐项整改。每年对党委、纪委班子成员参加相关组织生活、会议的情况进行通报。

加强教育培训工作。集团党委、纪委班子成员每年至少参加一次"均瑶党建实训学校"、徐汇区委党校、上海市委党校、中国浦东干部学院、中共中央党校或相关培训机构的学习培训。党委、纪委班子成员结合自己的工作岗位和实践，准备若干理论联系实际的教案，每人每年为基层或"均瑶党建实训学校"授课不少于 3 小时。积极参与有关的调查研究，座谈交流，除了参与撰写的党建及文化建设类调研报告外，每年在报纸杂志、微信公众号等媒体上发表的调研文章或论文不少于 2 篇。

两委委员参观中共一大会址纪念馆

丰富学习教育方式。推进"两学一做"学习教育常态化、制度化，组织"党员工作室""党员认领项目""均瑶党建实训学校"等志愿者服务平台的学习交流，有计划、有目的地组织学习交流和外出学习观摩活动，带领两委委员、基层党员前往中共一大会址纪念馆、徐汇滨江党群服务中心、中国井冈山干部学院等交流参观。开阔视野，提升学习能力，提升运用现代科学技术的能力。加强党务与业务的复合培养学习。

中国井冈山干部学院培训学习

六、实践严检验

从 2008 年至今，均瑶集团党委一边梳理编制《均瑶集团党建工作标准手册》，一边在实践中检验和修订，使《均瑶集团党建工作标准手册》在编制过程就是实践，在实践中不断地完善。企业党建工作的标准化运行，使党务工作标准化管理理念深入人心，标准化程序得到良好的贯彻执行，对于提升企业党建工作的科学化、规范化、标准化水平意义重大。

一是标准化建设有利于促进党建工作长效性。有利于在实践中提升组织力，落细落实党建工作。标准化体系的建立，有效克服了集团下辖各企业党组织过去工作随意性大、制度体系标准不统一、工作水平参差不齐、分工职责不明、缺乏动态管理等弊端，同时使集团本地、异地企业都能按照此标准推进实施，较好地起到了完善制度、指导业务、规范流程、提升执行力和工作效率的作用。

二是标准化建设有利于完善工作机制。形成"一引领、二服务、三满意、四结合、五纳入"的均瑶党建工作法。引领企业发展走在前。进一步促进企业更好、更快、更健康、更和谐地发展，发挥教育实践活动对企业健康发展的保障作用，充分发挥党在企业的政治核心作用，充分发挥党员的先锋模范作用，充分发挥党建质量标准的长效作用。

让广大党员和员工切实感受到"生活有保障、情绪有释放、事业有希望"的具体内涵。通过抓教育，服务员工思想成长；通过促保障，服务员工幸福成长；通过畅通道，服务员工事业成长。

服务社会和谐走在前。均瑶集团党委将恪守义利兼顾以义为先、切实履行社会责任的优良传统，作为企业先进文化建设的重要内容，深深地融化于企业的经营理念中。让"顾客满意、员工满意、股东满意、社会满意"，共同履行"服务创造美好生活"成为企业孜孜以求的目标。

三是标准化建设促进了党的组织工作提质升级。有利于组织工作落实落细，完善了支部书记队伍建设，发挥了党员先锋模范作用。在实施标准化运作的探索中，集团党委通过党员作用发挥制度和流程的完善，将党员干部管理职责、党员工作室工作要领、党员认领项目工作要领等公布于众，让党组织、党员干部、普通党员可以从不同角度、不同层面了解工作要领，促进了党员发挥先锋模范作用。

四是标准化建设促进了企业、员工健康发展。实施标准化建设后，夯实了党建工作基础，企业和谐发展，在中国特色社会主义道路上行稳致远。

均瑶集团及党委先后荣获全国五一劳动奖状、全国企业文化先进单位、全国非公有制企业双强百佳党组织、上海市先进基层党组织、全国

全国非公有制企业

党建强强
发展强

双强百佳党组织

全国党建研究会非公有制经济组织党建研究专业委员会

新 华 网　　　　　　半月谈杂志社

《非公有制企业党建》杂志　　中国非公企业党建网

二〇一一年八月

均瑶集团党委荣获"全国非公有制企业双强百佳党组织"荣誉称号

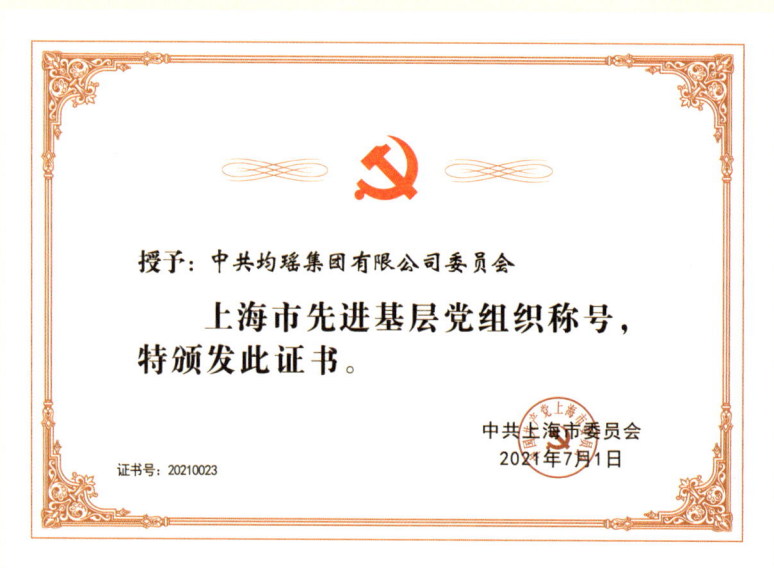

授予：中共均瑶集团有限公司委员会

上海市先进基层党组织称号，
特颁发此证书。

中共上海市委员会
2021年7月1日

证书号：20210023

均瑶集团党委荣获"上海市先进基层党组织"荣誉称号

均瑶集团荣获"全国民营企业思想政治工作先进单位"荣誉称号

民营企业思想政治工作先进单位等荣誉称号，实现了企业和谐、增强了员工凝聚力，助推企业高质量发展。

第二节　香自苦寒来

为使党建工作规范化、标准化，早在 2008 年，集团就编撰出版了《均瑶集团基层党的工作指导手册》，2012 年 3 月作了修订，定名为《均瑶集团党务工作者执行手册》。该手册在中组部首期全国非公经济党组织书记示范班上亮相后，得到与会书记们普遍好评，被认为是弥补了非公企业党建实务的一项空白。2021 年 6 月，集团党委编制了《均瑶集团党建工作标准手册》，作为纪念建党 100 周年的献礼。

在"全国非公有制经济组织党组织书记培训示范班"作报告

2018 年 7 月 24 日，"全国非公有制经济组织党组织书记培训示范班"

一、小曾书记

小曾叫曾仲云。原本是吉祥航空的一个支部书记，由于工作关系，我隔三差五会遇到他。小曾书记少年老成，给我的印象是一个沉稳、谦逊且有能力的年轻人。在一次支部党员会上，我提出支部工作怎样处理好与行政工作的关系，支部书记如何快速变成党务内行？等等，征询党员意见。

小曾书记

小曾书记结合航空公司手册化的特点，提出了独到的建议：支部工作手册化。这给我带来很大的启发。航空公司是多种工序交叠的行业，需要规范操作又要简洁明了，将手册视为生命，凡事先查手册。手册是航空公司高管案头标配，随时翻阅。通过广泛调研，结合了其他党员的建议，整理了许多党建的规章和岗位职能的描述，从现实到形式，实用的《党务工作者执行手册》呼之欲出了。

在修改定稿阶段，小曾书记还补充建议了岗位职责按条线专一汇报的建议，我把小曾的建议体现在干部岗位职责的设计里面。有了小曾的设计方向，经过党办同事编辑，将文字叙述尽量转化为表格形式，编制了60多份表格，而且对每一份表格均标出缩放比，为了方便使用和补充修改，全部做成了活页。比如，要取一份做支部活动纪要，只要将对应的表格活页取下来，按照标明的缩放比在复印机上放大复印，就可得到一份目标表格。

小曾书记以其严谨的工作态度，认真的思考，积极向组织建议，为党建的制度化建设和精细化管理提出不少有效的建议，为党建工作有效性添砖加瓦。集团公司像小曾这样能够提出针对性建议的党员干部不在少数。

小曾书记后来担任更加重要的工作，我也衷心祝愿他不断进步。我常想，党员和党外所有热心向党委提出过建议的同事，确实是均瑶集团党建工作节节高的重要基础。

《均瑶集团党务工作者执行手册》第一次印刷时，均瑶集团党员不到1000人，支部数量不到半百，当时每个支部委员分到一本，留个百把本用作社会上交流。短短几年，党员和支部数量翻倍，一些新担任党务干部的党员经常会打听哪里可以"淘"到这本手册。社会上的交流互动增多，党办留存的也早已经用完。我们时常感到一种强烈的"刚需"，迫切需要第二次印刷。2018年8月开始，编撰人员在第一版基础上作了修订，增加、调整了一些内容，终于在短时间内形成第二版。

第一版印刷发放后，六年多时间里受到基层党员的好评，主要集中在三个方面：一是实用性。这几年党内的教材和课本看到不少，可以说都是指导的好材料。但这本手册不仅教你怎么做，而且真真切切地做给你看。道理容易讲，执行考验大。二是贴切性。手册里所列的全是民营企业党建遇到的问题，遇到的多就多讲，普遍的事情重点讲。有的放矢，没有空话。三是政治性。围绕着讲政治展开事务性的解决，使用中感到满满的针对性，政治导向、政治意识、政治纪律，该有的全都有了。政治第一，全面带动。当然也有党员提出了指正的意见，我们一直把党员的需求当做服务的目标来使劲。

党委组织部主任林为华长期从事组织工作，花费大量心血设计完善的一整套发展党员的流程十分详细，步骤分明。组织考核也有一整套的流程，她在党办主任徐建军的支持下，完成了很多基础性的工作表格和限制性条文，这些，隔开来看没有什么技术含量，但是一经系统组合，却发挥出了党务工作细节的魔力，夯实了党建基础，一一被吸收进了手册中。

二、党建标配

党的十八大以来，随着新时代加强基层党建工作面临的新情况、新要求，集团党委在广泛调研的基础上，从实践需要着手，并广泛借鉴了其他优秀企业的做法，于 2021 年 6 月编制《均瑶集团党建工作标准手册》，着眼点从初始的"指导"到"执行"再到"标准"，增强了制度执行的刚性，突出了数据管理要求，制定完善了"党务干部专职、兼职"标准，确保无论何时何地，党建工作都有人做、有保障、有考核，积极探索以党建标准化规范党建工作的有效途径。

《均瑶集团党建工作标准手册》把高质量党建定位为：把党的政治优势转化为均瑶的文化优势、发展优势。牢牢把握党建工作"一核心""三优势"。把企业党委作为政治核心，把党的政治优势转化为企业发展的机遇优势、人才优势、和谐发展优势。由此提出的高质量党建目标是：建设服务型党组织，推进"千亿规模、百亿利润、美丽均瑶、幸福均瑶"宏伟目标的实现。为实现这一目标，该手册还明确了作为一个服务型党组织要实现"引领企业发展走在前、服务员工成长走在前、服务社会和谐走在前的具体任务和要求"。

"把骨干培养成党员、把党员培养成骨干"是均瑶集团党委探索的人才成才新机制。这一新机制大大调动了员工的积极性，在企业内部形成人人争先的生动局面。多年来，均瑶集团党委通过推出人才成长新机制，为企业培养了一批党员骨干，发展了一批骨干为党员。

均瑶集团在党委的政治引领下，企业和谐稳步发展，企业员工主人翁意识不断增强，真正做到了上级党委满意、出资人满意、职工满意。董事长王均金在长期的实践中提炼出"一二三四五方法论"，已经在全体职工中落地生根，这样主人翁意识就能落地，员工也能满意，就形成了我们自己的能量，形成建设"百年老店"的能量。

均瑶集团党委的党建工作已形成理念上、制度上、方法上的全链条衔接。党建引领企业在中国特色社会主义道路上行稳致远。

均瑶集团及党委先后荣获过多项全国和市级荣誉。在上海市浙江商会党委成立五周年举行的非公企业党建研讨会上，集齐了上海顶级党建专家和知名理论工作者，认为非公经济党建工作的"均瑶现象"是时代产物。大家一致认为，党建工作的建章立制是建设战斗堡垒的基础，是"七梁八柱"，《均瑶集团党建工作标准手册》是非公经济党建工作的突破性创新。

没有标准，便没有一切。

三、一册三图

均瑶党委在建章立制的过程中有着自己的"左右护法"——"党建工作法"和"一册三图"。"党建工作法"是指在长期党建实践中提炼出的"一引领、二服务、三满意、四结合、五纳入"，成为民营企业党建工作的方法论。"一册三图"是指《均瑶集团党建工作标准手册》和公司管理架构图、党组织工作图、年度重点项目推进图。

这里，重点介绍"一册三图"之间的逻辑关系。

"一册"，就是《均瑶集团党建工作标准手册》，是党建工作建章立制的重要载体。"一册"在建党100周年的建党纪念会上发布的时候，我们党委一班人都认为这下子党建工作有章可循，基层党务人员照章办事，党务工作可以高枕无忧了。确实，花了巨大心血、用时15年编制的手册，日常工作终于可以松一口气了。

事后我惊讶地发现，手册确实是好工具，但不是万能的。为了避免标准手册一纸空文，必须给它装上"驱动器"！

这个"驱动器"，就是"三图"——完成了闭环。

"陈书记，吉祥智驱汽车在册党员已经超过 100 个了，我们申请马上召开党员大会成立党委……"吉祥智驱汽车党委筹建组副组长丁曦兴冲冲地对我说。我问了他几个细节问题，丁曦马上变得沉默了。我笑着鼓励他说："先不要气馁，按照《均瑶集团党建工作标准手册》绘制'三张图'，一切就会迎刃而解。"一周后，丁曦又一次推开了我的办公室，兴奋地说道："陈书记，'三张图'太有用了，您提的问题我有答案了……"

均瑶集团党委在长期党建实践中提炼出"党建工作法"，使其成为民营企业党建工作的方法论。历经 15 年三次改版编制了《均瑶集团党建工作标准手册》，在直属党组织中普遍征集意见后定稿，在建党百年的时候作为礼物献给党建事业，为规范民营企业党建工作提供了制度支持和实践范本。

公司管理架构图将党的工作机构纳入企业治理结构，保障了党组织在公司中的地位和作用发挥；党组织工作图包含了组织管理图和党建工作占比图，明确了党委各部门设置及负责人，重点列出了专职党务工作者的党建工作占比和工作内容，有效解决了党务工作者工作界定不清作用难以发挥的困局；年度重点项目推进图则将党的工作纳入企业年度工作计划，每一重点项均列出了项目内容、主办人、责任人、协作人及完成时间，有的放矢抓好落实。

通过这个案例，我深深地体会到，任何规章制度无论如何鸿篇巨著，若最后缺少落细落实的限制性条文和措施，难免会落空，变成一纸空文。"一册三图"就是防"空"的装备。它挽救了规章制度。

当时正在筹建的吉祥智驱汽车公司党委，是均瑶系统的第 9 家二级党委。

2023 年底成立的吉祥智驱汽车公司党委是均瑶系统的第 9 家二级党委

　　"我们筹备的过程就是一次实实在在的党建业务培训，有了'一册三图'干好党建工作我更有把握了！"入司多年专业人力资源管理工作的年轻人丁曦快速的成长，已然成为了一名合格的专职党务工作者。

　　2023 年 12 月 29 日，中共上海吉祥智驱新能源汽车有限公司第一次党员代表大会在上海召开。大会选举产生了第一届党的委员会委员和第一届纪律检查委员会委员，就此吉祥汽车党委、纪委成立，标志着均瑶系统第 15 个党委诞生了！

第四节　傲雪有人知

　　《均瑶集团党建工作标准手册》（或之前的《均瑶集团党务工作者执行手册》）为什么受欢迎？不妨听一听众人的点评。我归纳起来如下几点说法：

一、民营企业党建工作"无章可循"。从上至下或者专家授课，一般会从党建（不是特殊的民营党建）的逻辑铺展叙述，循"章"是体制内或国资企业的一般规律，离民营党建工作这个"特殊领域"隔着一层"皮"。

二、至今没有人揭"皮"。这层"皮"扒开来，就是"组织体系"，从党政机关，甚而党委设置（组织部、宣传部等），有体系则坚，无体系则弱，国资企业尚可"借助"党政资源，民营企业则无从"借助"，成了"无源之水"。临时应急舀水救急，尚可应付。长此以往，就得靠制度、靠机制。这层关系一直隐蔽着。这次的《均瑶集团党建工作标准手册》中把这层"皮"扒开了。

三、这张"皮"便是"组织体系"，若无此"皮"，则无"章"可循。关键要点已经明确，然而，我们是否愿意并能够建立适合公司治理的党建工作的"组织体系"，这一点是《均瑶集团党建工作标准手册》所提示的，但尚未深入展示与阐述的"攻坚"之处。

四、"攻坚"点的路径依赖是：从事"攻坚"的公司业务从容，主要投资人眼界高远，党组织书记有能力，且企业文化具有相当基础，这几点缺一不可。

"业务从容"指的是公司有核心资源优势，业务发展前景可期，通俗讲就是不愁吃穿。

"主要投资人"有明事理的实控人最好，或者无实控人，但公司治理完善，重大事件可以投票决定也行。接下来就看书记的能力了。

五、实控人是"党外人士"，这是民营企业与国资企业最大的差异。所有的具体党建工作都得遵循这个差异。这是民营企业党建工作最大的特点。认识并分析这个特点，利用好这个特点，正是党组织书记所需要的。

六、基层的党建工作（民营企业）重点，须从标准的制定走向制度的建立和实施。用制度和机制来确保党建，这是更难实现的常态化，是党建工作的新境界。

第五节　明月彩云归

一、修订公司章程

2022 年，均瑶集团发生了一件大事：上海均瑶（集团）有限公司章程修订。这件事列为当年均瑶集团十件大事之首。

新增加部分，一是第二章第三条，写入了企业先进文化建设成果：公司以创始人倡导的"一二三四五方法论"为经营宗旨，并对"一二三四五方法论"做了具体的阐释；二是第五章第七条、第八条将党组织写入章程。

第七条，公司根据《中国共产党章程》，设立中国共产党均瑶集团委员会（以下简称"均瑶党委"），均瑶党委设书记 1 名，副书记 3 名，其他党委公司可以根据公司章程规定的程序吸收符合条件的党员进入董事会、监事会、高级管理层；均瑶党委也可以依照中国共产党的有关规定和程序吸收董事会、监事、高级管理层或其他公司员工中符合条件的党员加入均瑶党委。

第八条，完整地描述了党组织的六个职责功能，特别强调了三大关键词：党建引领、党管人才、主体责任，即党委根据《中国共产党章程》等党内规定，需履行以下职责：

1. 保证监督党和国家方针政策在公司的贯彻执行，落实党中央、

016

上海均瑶（集团）有限公司章程

（2022 年 8 月 3 日股东会通过）

依据《中华人民共和国公司法》（以下简称为"《公司法》"）及其他有关法律、行政法规的规定，经上海均瑶（集团）有限公司（以下简称"公司"）全体股东讨论，并共同制订本章程。

第一章 公司的名称和住所

第一条 公司名称：上海均瑶（集团）有限公司。

第二条 公司住所：中国（上海）自由贸易试验区康桥东路 8 号。

第二章 公司经营宗旨与经营范围

第三条 公司经营宗旨：公司以创始人倡导的"一二三四五方法论"为经营宗旨。"一二三四五方法论"概括来说就是：一个使命——为社会创造价值、建设国际化现代服务百年老店；两个恒——恒心、恒新；三种文化——效率文化、感恩文化、主人翁文化；四个满意——顾客满意、员工满意、股东满意、社会满意；五种思维——战略思维、系统思维、辩证思维、互联网思维、法治思维。

公司董事、监事、高级管理人员应当将"一二三四五方法论"用于指导公司同事工作，并形成工作习惯。

第四条 公司经营范围：

一般项目：以自有资金从事投资活动；国内货物运输代理；国际货物运输代理；国内贸易代理；货物进出口；技术进出口；珠宝首饰批发；金银制品销售；停车场服务；广告发布。（除依法须经批准的项目外，凭营业执照依法自主开展经营活动）

许可项目：房地产开发经营；基础电信业务。（依法须经批准的项目，经相关部门批准后方可开展经营活动，具体经营项目以相关部门批准文件或许可证件为准）

公司经营范围中属于法律、行政法规或者国务院决定规定在登记前须经批准

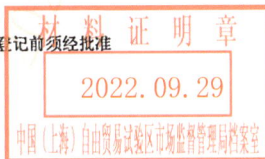

材料证明章
2022.09.29
中国（上海）自由贸易试验区市场监督管理局档案室

修订后的均瑶集团公司章程

国务院重大战略决策及上级党组织有关重要工作部署；

2. 加强对选人用人工作的领导和把关，管标准、管程序、管考察、管推荐、管监督，坚持党管干部原则与董事会依法选择经营管理者及经营管理者依法行使用人权相结合；

3. 研究讨论公司改革发展稳定、重大经营管理事项和涉及职工切身利益的重大问题，并提出意见建议。支持股东大会、董事会、监事、高级管理层依法履职，支持职工代表大会开展工作；

4. 承担全面从严治党主体责任。领导公司思想政治工作、统战工作、精神文明建设、企业文化建设和工会、共青团等群团工作。领导党风廉政建设，支持纪委切实履行监督责任；

5. 加强公司基层党组织和党员队伍建设，充分发挥党支部战斗堡垒作用和党员先锋模范作用，团结带领干部职工积极投身公司改革转型发展；

6. 党委职责范围内其他有关的重要事务。

二、适度超前

2016 年，中共中央、国务院印发了《关于深化国有企业改革的指导意见》（以下简称《意见》），该文件强调了加强党的领导与完善公司治理的紧密结合。通过将党建工作总体要求纳入国有企业章程，明确了国有企业党组织在公司法人治理结构中的法定地位，为国有企业发展改革注入了新的活力。

党的十九大报告明确指出，要"促进非公有制经济健康发展和非公有制经济人士健康成长"。这体现了党和政府对民营经济的重视和支持，同时也反映了对我国基本经济制度的坚持和完善。

虽然目前还没有专门的文件和法规强制将党建写入民营企业公司章

程，但《意见》的出台为这一探索指明了方向。将党建内容纳入民营企业公司章程，意味着从体制层面将党的建设、党员的作用融入公司治理的各个环节，使企业党组织真正成为公司治理结构中的有机组成部分。这样的做法将有力地推动民营企业党建工作的深入发展，为企业的健康发展提供坚实的政治保证。

2019 年，我们发现在浙江和福建等地进行的民营企业党建入章程的试点。这些民营经济占比重很大的省份，将这件事作为提升当地经济质量的入手。

均瑶集团是民营企业党建工作的领头羊，理应在这方面有所建树。尤其经过了新冠疫情，均瑶集团在董事会的带领下，在党委的号召下，迅速成立全球采购小组，发挥航空公司全球布点的优势，动员职工在当地采购医疗防疫用品，航班捎回来后，向亟需的医疗单位发送。在防疫

均均瑶集团快速成立全球采购小组，为抗疫作贡献

最紧张的时候，免费帮助有需要的单位全球运输。这样，从采购到赠送到免费运输，均瑶集团的产业链竭尽全力，为抗疫作出了应有的贡献。这时候，企业社会责任感和"为社会创造价值"的核心价值观彰显，得到政府和社会组织的一致赞扬。

我感到时机已经成熟。写成书面建议呈送给王均金董事长。王均金董事长很快同意并签批相关部门办理。法律合规部的同事起草修改了多次，职能部门多次推敲后，提交股东大会审核通过，最后由市场监管局确定后公布。

之前，很多事情已经做了，而且是正确的有意义的并得到了社会的认可。这次在顶层设计上确定下来，成为了公司先进文化成果。

从此，均瑶集团在公司治理层面上，将党的主张和企业先进文化紧密结合起来，以法律文件形式固定下来。为社会创造价值，建国际化现代服务业百年老店的使命诉求更加鲜明、具象！

宝剑锋从磨砺出，梅花香自苦寒来！

第六章
使 命 必 达

党组织可以在企业文化建设、培育企业家精神中发挥作用。这一点也是党组织在民营企业中的政治核心作用。

"党组织应当凭借自身作为执政党在思想理论上的优势和做群众工作的优势，在职工群众中宣传、培育和树立正确的世界观、人生观和价值观，树立实现建设社会主义现代化的共同理想，这是非公有制企业文化建设的核心，也是'非公有制经济组织是我国社会主义市场经济重要组成部分'的重要特征和标志，它保证非公有制经济组织沿着社会主义方向健康发展。"（王河主编：《中国非公有制企业党建工作》，上海人民出版社，2002 年，第 309 页。）

关于企业文化建设，董事长王均金曾经有过一番详细的论述：企业文化建设，既是党委的重要工作职责，也是充分发挥党的政治优势、组织优势、善于做群众工作的优势。企业文化的建设不是一朝一夕，而是一个润物细无声的过程，需要有一定的高度，也需要有具体的举措，慢慢深入人心，转化为团队的工作习惯。三流的企业做产品，二流企业做"标准"，一流的企业做文化。很多企业都将企业文化作为人力资源部的一项工作，在均瑶集团，董事长王均金希望集团党委以更大的力度去完成这项关系到"百年老店"战略的重任，因为它"买不到、带不走、拆不开、偷不去"。先进的企业文化总是历经时间的沉淀和市场的洗礼，在党委的带动下，深深植根于每一位职工的心中，成为企业的价值观并成为职工自觉信奉的行动指南。

第一节 "一二三四五方法论"的形成

当然，均瑶集团优秀企业文化的形成，并非一蹴而就，而是经过长时间的沉淀与积累，比如从集团企业使命的演变可一窥全豹：从 1992 年提出"创立一家永续经营的企业"到 1995 年"成为中国综合效益最高的企业之一"，再到 2005 年"为了人们生活得更加健康和舒心，我们致力于创造超出人们想象的价值，成为卓越的国际化的现代服务业百年老店"，最后形成目前的"为社会创造价值，建国际化现代服务业百年老店"企业使命。

"一二三四五方法论"同样是经过多年的企业管理经验的沉淀与积累，从均瑶集团掌门人王均金创业初期提出的"做生意要对得起胸口巴掌大的地方"到中期"创新实现价值""均瑶是我们的、更是社会的""大志有恒""恒心恒新""百年老店"，再到如今形成的系统化、理论化的"方法论"，可以看出企业文化演变的足迹。这些都是在市场竞争、公司治理和企业管理中的实践总结和认真思考得出的结论。

2017 年 1 月 14 日均瑶集团年会上，董事长王均金作了主题演讲，他在演讲中依旧展示了对多个业务信手拈来的熟悉程度，和精准的点评能力，并对下一个财政年度作了激情澎湃的展望。王均金在演讲中的新亮点，是用较大的篇幅论述了"方法论"，并将其上升到建设百年老店发展思路的宗旨，作为工作中的不二方法，应用到推动战略落地的实施中去，参会的高管也进行了深入的思考和学习。

我翻阅并查证了一下资料，发现王均金最早提出"方法论"内容是在 2016 年 4 月 1 日，当天王均金应邀到宁夏，参加由宁夏统战部、工商联举办的"知名企业家讲堂"，作为主讲嘉宾，王均金以《为社会创造价值 探百年老店之路》为主题，结合均瑶集团发展历程和个人经历，与自治区民营企业家分享心得体会。

王均金作《为社会创造价值 探百年老店之路》主旨演讲

讲堂上，王均金围绕"一句使命、两个恒心、三种文化、四个满意、五种思维为"框架详细讲述了均瑶集团的发展历程、转型升级、产业布局以及"为社会创造价值，建国际化现代服务业百年老店"的企业文化。当时还没有提高到方法论，《均瑶新闻》在 2016 年 4 月期也只是以很小的篇幅报道了此事。

回溯更远的轨迹，是王均金的初心：做生意要对得起胸口巴掌大的地方。公司上规模了，王均金思考的是怎样持续发展，于是经常提到的是"大志有恒"。口头上提到更早。从现在网上搜索到的王均金的"大志有恒"，最早是 2005 年 12 月 27 日新闻报道，从这一条新闻为发端，逐渐多起来，典型的是在 2008 年 3 月，当时王均金首次当选全国政协委员，接受媒体采访后以《创业生命在于大志有恒》为题进行了较大篇幅的报道。2011 年 9 月 15 日《大志有恒，追求完美》《取道明势，大志有恒》等。2011 年在均瑶集团创业 20 周年举办的论坛上，王均金作了主题为《大志有恒，做百年老店探索者》的演讲，到了 2013 年，在中央统战部举办的全国 6 位民营企业家代表电视演讲中，王均金在题为《信念是力量之源》中再次重申了"大志有恒"，期间，王均金将多年的转型案例集结成书，书名也是取《大志有恒：均瑶集团战略转型与文化重塑》。

从上述回溯可以了解到，王均金是以"大志有恒"开始，长期在实践中思考，在经营业务"四梁八柱"形成，企业"硬实力"发展的同时，寻找一条文化上的软实力。

记录表明，多年来，均瑶集团业务从厘清主业，在发展中多元化，实践中也证明了多元发展具有的优势，并非像当年一说起多元发展就是不好，就是"大杂烩"，就是要厘清。王均金一直倡导的多元化经营，专业化管理，也得到了实践的认可，尤其是跟随上海国际中心城市的战略布局，均瑶集团集中精力、集中资源进入行业门槛较高的航空、金融等领域，在上海滩甚至经济界做到了有口皆碑。

王均金显然感到"大志有恒"已经不足以概括自己的思维，不足以作为文化的引导，企业的健康发展需要更加具有操作性、更加完整的概念。2013 年，对 8 年前确定的企业使命做了修改，删减了过长的定语，将 20 多字的定语提炼为容易上口的 7 字："为社会创造价值"。2015 年

6 月在"两新"组织创新创业大讲坛作主题演讲:"恒心+恒新创业创新永远在路上",首次完整提出"恒新、恒心";整合了一直在使用的三个文化(效率、主人翁、感恩)。2016 年 3 月在职代会的讲话上,王均金明确了"四个满意"(顾客、员工、股东、社会)的顺序。2016 年 8 月在江苏无锡召开的集团战略研讨会上,王均金点出了方法论。几年来,碎片逐渐集成,系统的思路和完整的逻辑凸显;很多用词在过程中连企业"机关报"《均瑶新闻》都漏掉,为此,我特地查阅了当时的会议记录,理出了上述的演变过程,我明显的一个感觉就是:串起了颗颗零散的珍珠。

在 2017 年 1 月 14 日的集团年会之前,王均金已经在不同场合阐述"方法论",并在个别遣词造句上做了细节的调整,使得表达更加准确和简明易懂。王均金经过长期的实践和思考,自从宁夏大讲堂做了"方法论"首秀后,又经过大半年的提炼修缮,带领均瑶集团迈出了转型期大型企业所必须的文化建设重要一步。

第二节　何为"方法论"

自从王均金正式提出"方法论"后,党委对其做了再提炼和系统阐述,并以此作为全体员工学习贯彻的标准版本。那就是:

一使命:为社会创造价值,建国际化现代服务业百年老店。均瑶集团所有的产业布局、投资,首先考虑的是为社会发展带来增量,为社会创造价值。

二追求:恒心、恒新。持之以恒、持续创新。均瑶集团是靠创新起家的,创新是均瑶的基因。我们常说"创新实现价值",一个企业如果不具备创新能力就无法做到"可持续发展"。同时，均瑶集团还要持续创新，任何时候都要有创新，并且还要坚持不懈地做下去，二十年、五十年以后，还要有创新的能力、活力，就是历久恒新。

三文化：效率文化、感恩文化、主人翁文化。首先是效率文化，民营企业求生存，一定要讲究效率，效率优先是永远的主题。其次，还要感恩我们所处的时代，感恩改革开放政策，感恩一切帮助过集团发展的人。团队建设需要树立主人翁文化，只有每一个员工在工作岗位上树立主人翁精神，那样团队力量才会更加强劲。这三个文化构成了均瑶集团践行使命的重要文化体系。

四满意：顾客、员工、股东、社会满意。首先是顾客满意，只有顾客满意了，才会有市场，才能为社会带来价值。其次是员工满意，员工工作顺心，才能更好地服务客户，这样才能创造企业利润，给股东带来价值。再次，在资本市场化的今天，均瑶集团旗下四家上市公司，股东满意对集团来说也非常重要。最后是社会满意，均瑶不仅仅是一个提供现代服务的公司，还是一个立足中国发展的企业公民。"均瑶是我们的，更是社会的！"致力于成为卓越公司和优秀企业公民，是我们孜孜以求的目标，我们相信企业发展的越好，就应该承担更多的社会责任，为社会创造更多的价值。

五思维：战略、互联网、辩证、系统、法治思维。建国际化现代服务业百年老店是均瑶集团最重要的战略思维，站在月球看地球，才能站得高，看得远。资源没有区域，通过互联网平台可以集聚零散的资源，全球的资源都可以为我所用，互联网思维就是要在传统业务中利用互联网实现资源对接，放大效益。辩证思维是指所有的工作都要回头看，总结回顾，找问题，再完善，员工跟上级要辩证要换位思考，上级跟员工也要辩证换位思考。系统思维是指每一个员工在各自的工作岗位上全面、系统地思考问题。法治思维是打造百年老店的基础，百年老店要持之以恒，法治思维是保障企业安全的最好武器。

第三节 "方法论"引领企业健康发展

一、"一使命"——指路灯塔

均瑶集团的企业文化中，使命引导着企业发展的目标和方向：为社会创造价值，建国际化现代服务业百年老店。均瑶集团在企业使命中将社会价值放在前面，所有的产业布局、投资，首先考虑的都是为社会发展带来增量，将做久、做强、做优的企业战略理念持续强化，摆脱了单纯"做大"的取向，进一步夯实集团"百年老店"的根基。

董事长王均金经常说："企业的追求要融入到民族的伟大复兴中去。"均瑶集团始终坚守实业报国的初心，用改革与创新不断推动企业健康发展，围绕助力上海五大中心建设的目标，搭建"五位一体"的企业新格局：航空运输、金融服务、现代消费、教育服务、科技创新，所经营的业务紧紧围绕着国家需要什么、号召什么、建设什么的目标。

基于这样的初心，均瑶集团积极响应国家深化改革和上海城市发展战略，参加国资混改，助推长三角一体化。2015年6月，上海金融混改，重组了"百年工商界，一片爱国心"的爱建集团。这次意义深远的重组有利于上海国资改革大局和发展战略，但过程历经坎坷，也曾遭遇恶意举牌等波折。经过多方奔走几经努力，均瑶集团终于在2016年敞开怀抱，欢迎爱建集团回归民营、进入均瑶大家庭，这次重组也是上海国资改革的第一单。

2018 年，均瑶集团积极响应国家号召，参与国资混改。吉祥航空与东方航空相互持股，成为东方航空第二大股东，这个案例成为国资混改的标杆，对推进上海"五大中心"建设、将上海打造成为国际航空枢纽和航运中心以及深化国有企业混合所有制改革具有重要的战略意义。

基于这样的初心，2005 年，参与改制上海市世界外国语小学和上海市世界外国语中学，致力打造"百年名校"。目前世外教育集团共自办、托管学校 70 余所，其中世界外国语小学、世界外国语中学已成为国内民办教育的标杆，为助力优质教育发展作出贡献。

基于这样的初心，均瑶集团参与上海科创中心建设，2015 年与上海交通大学、安徽省淮北市政府等单位组成政产学研用一体化平台，研发的纳米陶瓷合金横空出世，为实现科技突破提供了广阔的空间。新材料优异的性能已在天宫二号关键部件得以成功运用，在航空、高铁、汽车等领域具有广阔空间，助力我国从科技大国走向科技强国。2016 年联合南京航空航天大学，致力于模拟仿真技术的开发运用，完成国内首台拥有完整自主知识产权全任务飞行模拟机的研发生产并交付航空公司使用。

2015 年，经过多年筹备，王均金发起创办的全国首批、上海首家民营银行——上海华瑞银行开业。上海华瑞银行以"服务自贸改革，服务小微大众、服务科技创新"为定位，与爱建集团互为业务依托，致力于成为上海金融中心建设的创新基因，活力细胞。

二、"二追求"——发展基因

恒心是指对企业使命、战略、目标等持之以恒；恒新指企业的持续创新。恒心恒新，就是要脚踏实地，埋头苦干，与时俱进，久久为功。这"二追求"早已是均瑶集团的发展基因。

均瑶集团从龙港农民城走到浙南中心城市温州，最后抢滩国际大都市上海，由一个家庭作坊式的个体工商户逐渐发展成以实业投资为主、营收数百亿元的大型企业集团，一路走来，得益于改革开放的政策，得益于积极创新的精神，得益于均瑶人持之以恒的韧劲。

从均瑶包机的故事开始说起，经历了无数次拒绝与挫折，凭着实干与排除万难的决心，在盖了100多个图章后，均瑶在中国民航系统森严大门上撬开了一条缝——承包了"长沙—温州"的航线，成为中国内地首个民营包机案例。这便是均瑶人拓荒前行，不畏艰难，坚持"恒心"的初显，以及创新道路的开始。经过近30年的发展，均瑶集团依然是一个具有传奇色彩的民营企业，其创新的基因稳稳地蕴藏在每一位均瑶人身上。均瑶集团这种不畏困难、坚持创新的品质依然在延续、革新、创造，并结出一颗颗硕果，创造了许多个第一，这也是均瑶人"恒心""恒新"两股力量交织前行创造出的答卷：第一个开通私人包机航线并成立包机公司；第一个入股国有的东方航空武汉公司；第一批创办民营航空公司"吉祥航空"；第一批创办民营银行"上海华瑞银行"；第一批参加国资混改，重组了爱建集团，成为上海第一个重大金融国资国企混合所有制改革项目……均瑶集团始终勇立改革潮头，创业不止、砥砺前行。

三、"三文化"——力量之源

企业的发展离不开效率，尤其是民营企业，效率优先是永恒的主题。公司拥有全体系日常评估机制，而对于航空业来说，特别需要效率文化来提高企业管理的能力，包括决策效率、行动效率、飞行员训练效率等。为了抓好效率问题，集团旗下各子公司都签订了经营责任书，核心就是质量效率、重在落地，责任分配不只到部门，更要到人。当质量、效率、精神一同进步的时候，工作才有激情，干事就能出成绩。

感恩文化是均瑶集团非常重要的文化内核，因为均瑶集团始终清楚地知道，所获得的成绩得益于党和国家的关心支持，得益于改革开放，因此更要用实际行动来感恩一切帮助过企业发展的人和事，用感恩的心来回报社会。

2020年突发新冠疫情后，均瑶集团作为一家民营企业，首先考虑的不是自身的受损风险，而是国家和社会的迫切需求，第一时间组织员工全球采购并向社会捐赠防疫抗疫物资超过100万件，旗下航空公司免费承运300余万件抗疫物资，旗下均瑶健康更是为抗疫一线捐赠了食品等，总计捐赠价值超过1亿元。

均瑶集团采购的口罩与防护服等物资运往抗疫一线

抗疫期间，均瑶集团还发生了许多感恩社会、回报社会的故事：疫情爆发初期，部分湖北旅客因进出武汉的交通限制而滞留日本大阪，吉祥航空考虑到旅客强烈的回家诉求，积极向民航部门提出申请并获得批复，让原计划执行大阪至上海航线服务的 HO1340 航班在进入中国国境后直接改飞武汉，将 94 名武汉旅客平安送回家。这一空中改道的动作被网友们亲切誉为"最美逆行者"，在互联网上获得民众的一致热议与好评。

HO1340 航班执飞机组被网友们亲切誉为"最美逆行者"

众所周知，新冠肺炎疫情给包括均瑶集团在内的中国民企发展都带来了严峻挑战，由于收入锐减、预售客票退票等不利因素的发生，以及部分航班保持运行、保障固定成本等支出的叠加影响，吉祥航空的正常生产经营受到较大冲击。面对挑战，均瑶集团担起社会责任，坚持不裁员，为稳定社会就业作出绵薄之力。

主人翁文化在均瑶的流行不仅是员工普遍的自我要求，更是企业公信力与凝聚力的体现。集团董事长王均金提出要努力实践"让我们服务好员工，让员工服务好客户"的理念，要做到"事业留人，待遇留人，感情留人，环境留人"。均瑶集团有能力使员工相信，个人为企业创造价值的同时，也能够体现自己的价值。均瑶集团对员工秉持严管厚爱的态度，通过机制落地、员工手册执行到位，通过 KPI 等绩效评估手段开展鞭策和激励。均瑶集团每年都会举办优秀员工评选活动，每两年还会举办"百年老店优秀建设者"荣誉称号的评选，鼓励员工积极奋斗、争当先进，增强员工的荣誉感和归属感。同时，均瑶集团还充分利用集团内部网站、微信公众号"均瑶新闻"、吉祥航空机上杂志"如意时空"、员工手册等线上线下多重宣传载体，努力宣传企业的使命、核心价值观，共同营造和谐企业氛围。2020 年疫情期间，企业效益受不可抗力影响下降，大量员工积极响应企业号召主动投身抗疫志愿工作，部分高管主动提出自降工资和企业共渡难关，这些故事都是均瑶集团的主人翁文化在员工心中深深扎根的鲜活体现。

四、"四满意"——责任担当

顾客满意，品质至上。做现代服务业最重要的是顾客的满意度，而品牌品质就是企业与客户的沟通桥梁，是企业的生命力。均瑶集团围绕客户体验，不断进行品质升级，品牌赋能企业转型发展，做优做强均瑶系列品牌价值。均瑶集团在七家单位设立首席品牌官，创新性推出"首席品牌官"制度，先后在吉祥航空、九元航空、爱建集团、华瑞银行、大东方、均瑶健康、华模科技七家单位聘任七位首席品牌官，从品牌战略管理、品牌运营管理、企业文化建设等方面做出梳理和规定，制定了关于媒体采访、广告发布、商标管理等详细规则，构建"1＋3＋X"的品牌体系，推动民营企业转型发展，以百年品牌赋能百年老店。

员工满意，以人为本。均瑶集团深切地认识到，事业的成功离不开人，对外服务客户，对内服务员工，以人为本才能顺利实现均瑶集团的战略转型，搭建百年老店的深厚基石。

在这一理念的引领下，公司建立了合理的绩效管理体系和完善的福利制度。在绩效管理方面，根据高层、核心层、中层、骨干层、员工5个职级划分推行薪酬和绩效管理制度，将考评结果与员工的收入、晋升、培训及个人发展相结合；在福利制度方面，严格遵守国家在养老、失业、医疗、工伤、女工生育五大社会保险实施方面的政策要求，及时、足额向社保经办机构缴纳社会保险费。同时，均瑶集团补充设立了对各类高层次经营管理、专业技术及关键技术人才有较强激励、保障作用的补充保险体系，以及购车、人才公寓、带薪休假、健康体检、企业年金等福利保障体系。

关心员工综合发展，身心健康和环境改善，打造了系统的培训体系，营造轻松的学习氛围。公司通过组织高管沙龙、读书会、均瑶新闻通讯员沙龙、方法论征文与演讲比赛等活动，提倡分享、传播和践行"方法论"；在均瑶国际广场20楼开辟了"同舟汇"党群服务站，搭建凝聚党员白领新平台，每周举办五场丰富多彩的社群活动，瑜伽、手工、民乐音乐会、党史学习、母婴保健、急救知识讲座，茶文化咖啡文化讲座，美妆知识讲座等活动，广受楼宇青年的喜爱。

运动照

股东满意，和谐共赢。随着股权社会化的日益普及，股东价值的实现本身在很大程度上就是对整个社会价值的增加，股东价值有质量的增长就能达到股东满意的目标。30 多来，均瑶集团在转型中稳健发展，主营业务呈现良好的增长，2019 年营业收入 355 亿元，纳税 35 亿元，各项业绩指标保持稳步上升的势头。现已形成航空运输、金融服务、现代消费、教育服务、科技创新五大业务板块，旗下 4 家 A 股上市公司，员工近 20 000 人，规模列中国企业（服务业）500 强第 181 位。均瑶集团扎根上海 20 多年，以百年老店为目标锻造企业的永续发展的能力，不盲目追求眼前的利益。通过内审机制，帮助企业有序规范经营，均瑶集团多年来的稳步表现是政府、股东、社会、员工所期待的有长远发展、值得信赖的企业。

"同舟汇"党群服务站丰富多彩的社群活动深受好评

社会满意，以义为先。均瑶集团在稳步发展的同时，秉持义利兼顾、以义为先的原则，充分发扬富而思进，扶危济困、义利兼顾、德行并重的精神，自觉履行社会责任，回馈社会，秉承"均瑶是我们的，更是社会的"理念，致力于为社会创造价值。创业 30 多年来，先后投入 50 多亿元用于光彩项目等公益帮扶，3 亿多元用于慈善事业。以实际行动贯彻"精准扶贫、真抓实干"的国家战略，在集团设立"均瑶集团精准扶贫行动领导小组"先后在贵州、云南、广西、甘肃、湖北、新疆 6 省区 13 地开展了精准扶贫工作，惠及贫困人口 5 万人。1991 年在三峡地区实施"万头奶牛养殖计划"，解决水库移民就业难题。自 2005 年开始，先后在上海徐汇、奉贤，四川都江堰，新疆喀什，贵州毕节，广西百色，云南昆明等地捐赠现金奖励一线优秀教师，累计 8 000 余名教师从中获益。2020 年新冠疫情，均瑶人全球采购并捐赠防疫抗疫物资超过 100 万件，航空公司免费承运 300 余万件抗疫物资和食品捐赠等。汶川大地震、青海玉树地震等国家大难中都有均瑶集团的大额捐赠；由中国残疾人协会、中国社会福利基金会共同发起的"站立计划"公益项目，在贵州遵义、湖北宜昌、云南昆明、江西井冈山四地，共为 100 多名患有骨病肢残的贫困人士提供免费手术治疗；开展"光彩助盲"行动，帮助盲人培训和对接就业安置。

五、"五思维"——行动导图

把握战略思维，引领集团向着"百年老店"的目标稳步前进。集团确立了科技赋能战略，数字化发展计划正如火如荼地开展，在这一战略的引领下，集团自有云——"均瑶云"在集团五大板块陆续得到广泛应用，已成为集团数字化转型的重要信息基础设施，"均瑶云"两度获"上海信息化示范应用"并得到市级专项资金支持。

互联网思维的运用，不仅体现在均瑶集团积极拥抱信息化、数字化的道路上，更让拥有多项核心业务的均瑶集团牢抓板块互联、内外互联的经营思维，实现资源对接，放大效益。均瑶集团、东方航空、中国电信有限公司三方携手，成立全球首家从事空地互联服务的专业公司，将通过供给侧航空产品和商业模式的创新，共同打造"航空互联网综合解决方案供应商"。聚焦产品创新、技术创新、机制创新，开启市场化运营，探索空中互联在机上急救、智慧客舱等领域的应用，不断推出体验更优、服务更好的航空互联网产品，助力数字化航空和智慧民航的不断进步。

辩证思维作为马克思主义哲学的理论基础，也是均瑶集团在发展中坚持运用的重要思维。均瑶集团在工作中强调"回头看"，用辩证的眼光看待成果，既要肯定进步，也要总结回顾，找问题、再完善。正是保持审慎、辩证的思维方式，均瑶集团才能够在数次板块拓展、业务创新的选择关口找到正确方向。新冠疫情袭来，均瑶旗下吉祥航空的客运经营受到严重冲击，但均瑶集团运用辩证思维分析当下市场局面，找到客运需求骤减的同时，航空货运需求随之增加的市场变化，并灵活调整业务模式，申请并通过了"客改货"计划，疫情初期向世界各地采购大量防疫物资运送回国，疫情后期更是将货运服务开拓为常规业务，补充了集团的营收，获得了合作企业与社会的一致好评。

系统思维为均瑶集团带来更高屋建瓴的思考模式，以大局观衡量事物发展过程中的波折与挑战，通过系统性的布局开展业务。均瑶集团始终认为，只有将先进技术牢牢掌握在中国人手中，才能够在未来的世界竞争中立于不败之地。为此，均瑶集团重视高科技产业的系统性布局，先后成立了陶铝新材料、华模科技、均瑶科创等多家科创型企业，为用户提供更高质量、更高性能的纳米陶瓷铝合金尖端材料，世界领先的模拟仿真技术和企业信息科技服务。

均瑶集团与上海交通大学、安徽省淮北市政府等单位组成政产学研用一体化平台，研发的纳米陶瓷合金横空出世，填补了国内外空白，新材料优异的性能已在天宫二号关键部件得以成功运用，并且解决了"卡脖子"的技术，助力我国从科技大国走向科技强国。

2019年联合南京航空航天大学专家团队，专注于航空领域的技术创新，聚焦于民航最高端D级全任务飞行模拟器的研发和生产，2020年华模科技完成国内首台拥有完整自主知识产权的A320 NEO/CEoD级全动飞行模拟机研发、生产、交付使用。

研发生产国内首台拥有完整自主知识产权全任务飞行模拟机

法治思维是打造百年老店的基础，百年老店要持之以恒，法治思维是保障企业最好的武器。早在1995年，均瑶集团就引入内部审计程序，将内部审计视作"医院体检"，要求审计部门对集团每个企业不间断地、连续性地进行内部审计，将审计报告和审计意见视作医嘱，逐条落实整改，确保企业内部控制和管理真实有效，促进企业健康发展。随着均瑶集团的不断发展，法务部门、监察部门和审计部门的设立与完善，也规范着均瑶集团在发展壮大的路上守好法律"生命线"，法治思维深入人心，合理、立法、合规的经营理念帮助均瑶集团稳步向前。

众所周知，随着时代的进步，企业的产品和服务会随之而变，但一家基业常青的企业一定会沉淀下优秀的企业文化，这也是这家企业生产发展的基因所在，因为它是"偷不去、买不来、拆不开、带不走"的独有资源，更为甚者，优秀的企业文化必定能引领着企业高质量发展，在不断变化的市场竞争环境下，均瑶集团企业在转型，业务在变化，坚守不变的是文化精髓，"方法论"就是均瑶集团创业多年的智慧结晶，是对经营思想的深度概括，是引领企业高质量发展的行动指南和管理哲学。

第四节　"方法论"的意义是追求更高的格局

"方法论"是均瑶集团重要的文化建设成果，是转型发展的软实力，因此，当发文给各个主要业务单元的时候，也收到了很多的学习体会。这些优秀的业务单元负责人结合王均金的讲话精髓，结合本单位的实际，明确了思路，是学习型组织的一个很好的实践活动。

编撰书籍，书法展示：为了使均瑶人更好地读懂领会"方法论"，并应用到工作中，2019年11月，公司将董事长王均金近年来的讲话编撰成《金言细语》一书，记录时间为2016年1月至2019年10月，以"方法论"为主线，反映了王均金的经营思想、管理哲学、企业文化等建设百年老店的思路和方法。2018年，编撰了《墨诉衷怀　声动均瑶——学习实践"方法论"纪实》，记录了均瑶人学习"方法论"系列活动的精彩画面、心路历程。2022年，公司开展了围绕"方法论"的职工书法征集活动，甄选的优秀作品装裱后在公司32楼会议接待区悬挂，长期展示。

"方法论"优秀职工书法展示

征文演讲，声动均瑶：自2017年开始，集团及各成员公司高管以《均瑶新闻》为阵地发表学习实践"方法论"的体会文章，每期至少一篇，共发表了22篇。2018年4月12日，"学习实践'方法论'征文暨演讲比赛"正式启动，员工踊跃投稿，13家业务公司提交了137篇稿件，稿件均以工作中的"小故事"引发对"方法论"的大感悟，以个人的亲身经历多维度展现了均瑶人的勤奋进取的风貌。10月

实习实践"方法论"征文暨演讲比赛总决赛

19 日，"学习实践'方法论'征文暨演讲比赛总决赛"在上海市世界外国语中学阶梯教室精彩上演，参赛选手声情并茂演绎了"方法论"在各自岗位上的难忘故事，集团及各业务单位同事 200 多人观摩比赛。方法论从拿到论再到拿来用，具化到实际工作，全体员工身体力行，成为均瑶集团发展、创新、持续的能力。

均瑶集团高度重视企业文化建设，注重用文化铸魂塑形，以文化建设带动经济发展，制定《均瑶集团企业文化行动方案》，通过对内（汇编、下发《均瑶集团企业文化手册》《均瑶集团党建工作标准手册》，建设、开放"文化走廊""文化阶梯""党员活动室"，定期评选集团"百年老店优秀建设者"，举办高管沙龙、读书会等活动）和对外（充分发挥"三点一厅"——中国浦东干部学院现场教学点、上海市非公企业党建示范点、全国党建联系点和均瑶创业展示厅的作用，为国内外各界人士了解中国民营经济发展和社会责任开辟了窗口。通过社会媒体和集团网站、《均瑶新闻》、《如意时空》、均瑶集团媒体社的有效传播（持续构建了 24 种新媒体平台 132 个公司级账号的全媒体传播矩阵，全网总粉丝数超 1200 万），树立了良好的民营企业公众形象，企业内刊《均瑶新闻》获评"全国企业报刊特等奖"。

第七章
风 雨 同 舟

如今，在上海，楼宇党建、商圈党建、园区党建、社区党建等不同党建力量和资源彼此融合，集成创新动力。由我们均瑶集团党委自主打造的工作品牌"同舟汇楼宇党群服务站"，也成了大都市共建、共享、共治的样本，是 2021 年度百个"两新"党建优秀案例之一。

说起我与"同舟汇"的渊源，还得从 2006 年，我担任徐汇区枫林街道党工委兼职委员，参与全国最早的区域党建说起。

第一节　兼职徐汇区枫林街道党工委委员

区域党建中的街道党工委兼职委员，是我新的兼职。这一实践，是改革开放浪潮中的一朵浪花，激起了我职业生涯的涟漪，过程充满了实践的成果。

2006 年，我担任徐汇区枫林街道党工委兼职委员，当时可能是全国独一无二。也就是说，在改革开放的浪花洒向基层党建之时，我参与了全国最早的区域党建。

参与区域党建活动

在上海市企联年度大会介绍党建

当时的市委领导部署中的一项工作，就是把党建工作向基层延伸，通过党建的网络把所在地的资源分享，发挥所在地的区域工作优势，形成党建工作延伸终端。于是选择了党建基础比较好的徐汇区作为试点，徐汇区则选择了枫林等街道先行试点。"行政上没有隶属关系，业务上互无往来"的单位开始动起来了。当时我们兼职委员第一次开会的时候，兼职委员好几个都是厅局级干部。都是所在地的大所大院，比如中山医院、肿瘤医院、中科院有机所、中交第三航务工程勘察设计院等单位。兼职委员中，我是唯一来自民营企业的。

由于是新生事物，所有过程显得简洁。比如任职的流程，开始是街道党工委姚书记客气地来公司征求意见，接下来就是开会委以重任了。为此我推敲了一番任职的逻辑，总感到缺了点什么，就问姚书记，"咋没有正式文件呢?""文件有的，找出了下次给你。"姚书记回答。过了一周，办事人员递给了我一张复印件。这件事，有的兼职委员说我认真，有的说我钻牛角尖，总之，我们在亲密无间的工作氛围中愉快地相处着。

一、兼职委员的有限参与，无限协商

街道工作人手紧，工作千头万绪。街道书记更是显示了"弹钢琴"的超级能力。我先后经历了五任书记，他们的共同特点是，虚心征求我们兼职委员的意见，详尽介绍街道即将推出的举措，坦诚托出需要支持的项目。除了每季度参加一次街道党工委全体会议之外，平时有事情临时召集，兼职委员也都尽量安排好自己的工作前来参加，并建言献策，分担项目工作。几年的兼职工作使得我们非常默契，认领项目也轻车熟路，大伙纷纷与本单位的工作衔接，认领项目就是一场共建的沟通。

在兼职的第9个年头，对照中央提倡工作要"抓铁有痕"，我又钻了"牛角尖"——我主观地认为既然兼职了，就要"兼"得像，也是为了让兼职机制更加深化，我申请参加街道党工委的民主生活会。因为当初没有特别设置这个机制，所以街道党委郑重其事将这件事向区委组织部门做了汇报并获得同意。后来因为我出差时间冲突没有参加，留下了一个遗憾。

二、兼职产生了共建效应

就在这段时间，均瑶集团得益于改革开放和上海的营商环境，在全国人大代表（后来改任全国政协委员）公司董事长王均金的带领下，全体职工尽职尽力，企业稳健发展，业务从两个板块扩展到五个板块，业务扩展到全国各地，销售规模每年复合增长率为 12%，纳税增加10 倍，就业增加 5 倍。企业所在的党组织，发展到 10 个党委、100 个支部，成为民营企业党建"铁打营盘"的案例。党委在公司发挥了政治引领作用和职工中的政治核心作用，在公司享有很高的影响力，在社会

上海浙江商会党建联席会定期走访调研相关企业

上彰显了品牌力。

　　我前后主要兼任了五个比较重要的党建职务，除了上面重点讲述的枫林街道党工委兼职委员之外，分别是徐汇区党建促进会年度副会长、上海市民营经济研究会副会长兼党建委员会主任、上海浙江商会党建联席会召集人、全国工商联非公党建委员会委员，所有的兼职中，枫林街道是最接地气的一个，直达居民区，直接面对柴米油盐。党建是政治工作，更是人心工作。

徐汇区民企总部党建活动

第二节　居委会来了"熟人"

　　2019年2月1日那天，还有两天就是除夕了。正是寒冬腊月，寒风刺骨，然而空气中虽有凛冽的寒意，却未能阻挡温暖的传递。上午，由我亲自率队的均瑶集团党委一行人前往张东居委会与张家浜居委会，为那里数十户困难居民及孤寡老人提前带去新春的关怀与祝福。

还记得第一次来时，路上，我们就忍不住感慨，想不到在大上海繁华的徐家汇中心城区，竟然还有这么困难的人！而且每年我们的慰问对象几乎都是不同的，这就意味着有困难的家庭，存量还是比较多。

在选定慰问对象时，我们与居委会的书记、主任紧密合作，他们根据家庭的经济状况、健康状况以及实际困难程度，为我们提供了详细的名单。在这些家庭中，90%以上都是因为长期患病，医疗费用高昂而陷入贫困，非常需要社会的关爱和帮助。

每来到一户人家，我都与他们拉家常、问寒暖，详细询问他们的身体状况、生活起居，把他们当成自己的父母、兄弟姐妹。但由于担心打扰到他们，很多时候，我们都只是在门口停留；不过，有时主人也会热情地邀请我们进屋，坐下来聊聊。然而我们即便走进去，也只是说说吉庆的话，安慰安慰他们，尽量不坐下来，省得人家还要忙着泡茶什么的。

每次我们都会提前准备好一些礼物和红包，希望能够为他们解决一些切实的生活困难。交流过后，我会亲手将慰问金递到他们的手中，真心希望这份心意能让他们的春节更加温馨、快乐、祥和。

居民们纷纷紧握住我的手，眼中闪烁着感激的光，对均瑶党委多年如一日的善行义举表达了深切的感谢与敬意。

别说严寒了，就连疫情也阻挡不了"均瑶人"送温暖的脚步。2020年2月7日上午，为响应党中央疫情不减慰问的精神要求，我带领慰问小组，再次来到集团驻地张东居委会和张家浜居委会，为数家困难居民和孤寡老人送去新春关怀和慰问金。

那天除了我，还有上海市各地在沪企业（商会）联合会党委委员、

带队慰问张东和张家浜居委会困难居民

党办主任郭兆强，上海市注册会计师协会副秘书长孙卓，均瑶集团工会委员、女职工委员会主任、人力资源部兼行政企管部总经理邵琼等人；均瑶集团党委副书记、爱建集团党委书记、副董事长范永进带领均瑶集团工会主席、均瑶国际广场总经理李建斌，均瑶集团党办主任、品牌部副总经理徐建军等人。

为了让更多的人能够"体察民情"，每年集团职能部门的领导都会轮换着过来。大家把"拜年红包"和祝福一并送入居民家中，希望他们过上一个健康、祥和的新春佳节。

不过与以往不同的是，这次慰问小组严格按照疫情防控的标准与要求，坚持在走访慰问过程中不落座、不喝水，全程佩戴口罩，甚至门也不进，马不停蹄。但是口罩只是一道物理屏障，丝毫未能隔绝爱与温暖的传递。

在一双双充满关切的眼神里，在每一次点头微笑的交流中，我们都能深切感受到彼此间涌动的情感——有感激，有理解，更有在特殊时期相互扶持、共同前行的坚定信念。

2022年1月25日上午，正值北方农历小年，均瑶集团慰问小组再次集结，为集团驻地张东居委会和张家浜居委会数家困难居民和孤寡老人送去新春关怀和慰问金。此行不仅是物质上的援助，更是心灵的慰藉，彰显了均瑶集团连续十八载，自2004年扎根均瑶国际广场以来，对"老邻居"们不变的关怀与陪伴。

慰问小组兵分两路，仍然由我带队，领着均瑶集团工会委员、女职工委员会主任、人力资源部兼行政企管部总经理邵琼等人，均瑶集团党委副书记、爱建集团党委书记、副董事长范永进带领均瑶集团工会主席、均瑶国际广场总经理李建斌，均瑶集团党办主任、品牌部副总经理徐建军等人，把"拜年红包"和祝福一并送给居民。

铁打的营盘流水的兵，这么多年来，居委会的书记和主任倒是换了好几拨，我却是一年都没缺席过新春慰问。尽管我也会退休，但是我相信，这件深具意义的事，集团一定还会继续做下去。

回望过去，均瑶集团党委在社区建设中的贡献有目共睹。它不仅是枫林社区基金会理事单位，更是以实际行动诠释了企业社会责任的担当。通过选派优秀干部担任居民区党组织的兼职副书记，均瑶集团积极参与社区治理，为基础设施建设如修路等工程提供有力支持。比如，在总部刚迁入社区时，我们就主动出资为社区修建了铁门和老年活动室等设施，极大地改善了社区的居住环境和活动条件。

此外，我们还定期为居民们发放均瑶特色饮料，举办各类共建活动，与张东、张家浜居委会及枫林街道携手共进，共同绘就了一幅幅和谐共生的美好画卷，赢得了社区居民的一致好评与高度赞誉，也加深了邻里之间的情感联系和信任。

而这一切的源起，还是要追溯到我"兼职"的那段经历。

兼职委员不仅是挂名的，是干实事解决问题的。

当时的街道书记经常说的一句话就是："不求所有，只求所在。"从这里也看出来对体制和级别都可以忽略，大家一起对所在的街道建设伸把手，就像建设好家园一样，一起出力。

多年来，大家用协商的方式，用自己的优势，拿出最好的资源，为区域的发展和建设出力。其中包含了很多行政手段无法企及的事情。比如相亲会，由于枫林街道所在的区域医院比较多，医护人员中单身女青年资源丰裕，相反单身男青年"缺货"，我所在的均瑶集团吉祥航空公司工程师大都是小伙子，单身男青年是优势资源，于是应邀多次参加区域的相亲会。开始的时候主办方缺少经验，对上号的不多，后来街道主管的工作人员改进并增强了前期的信息征集，效果明显好了。还有区域内卫生健康知识的讲座是持续很久的活动，人医院优势明显。

在徐汇区全国文明城区创建过程中，我们的兼职委员不仅开会出主意，还按照街道所罗列的工作菜单认领项目，众人拾柴火焰高，均瑶集团发挥自己的优势，不仅在地铁口等交通要道派人员值班执勤，还在均瑶国际广场最显眼的临街墙面上，用漂亮的图案喷绘出巨大的创全国文明城区的公益广告。

一个小小的承诺，坚持至今。当时为了共建，提倡认领。为了更多的接触和帮扶，均瑶集团邀请结对的张东居委和张家浜居委干部参加集团的大党建活动，每年安排一笔帮困金，在春节前与居委干部一起，上门慰问两个居民区的贫困家庭。我亲眼看到大上海徐汇区还有不少与贫困和病痛斗争的居民，令人唏嘘不已。

这些共建，发端在上海市，选点在徐汇区，落地在枫林街道，生根在党建领域，至今在延续着。我下面要讲述的"同舟汇"楼宇党群服务站也是这样的一例。

第三节 "总部党建联盟"助力区域党建

党的二十大召开以来，党中央对民营经济发展作出了一系列的部署，《中共中央国务院关于促进民营经济发展壮大的意见》明确提出"积极探索创新民营经济领域党建工作方式"。为了充分发挥党建"红色引擎"作用，激活民营经济旺盛生命力，助推民营经济健康高质量发展。2023 年初，在徐汇区工商联的指导下，徐汇区民营企业成立了总部党建联盟理事会，我当选理事长；东方财富党委书记、副董事长陈凯担任副理事长。

2023 年 9 月 7 日，在徐汇区工商联（总商会）指导下，徐汇区民营企业总部党建联盟理事会第二次会议暨徐汇区新时代民营经济党建智库上线仪式在理事单位爱尔眼科上海总部举行。

徐汇区民企总部党建联盟理事会议

这次会议得到了区委统战部等领导的大力支持。区委常委、统战部部长秦丽萍，区委组织部副部长、区社会工作党委书记周晨蔚，区委统战部副部长、区工商联党组书记、区台办主任陈继刚，区委党校副校长、区行政学院副校长宋敬业出席。区工商联党组成员、专职副主席邹文矜主持会议。市工商联、街道（镇）商会党组织负责人、民营企业总部党建联盟理事单位代表及特邀民营企业代表共同参会。

会上完成了几件事：发布了《民营企业党建标准化手册》（2.0版）、发布了《徐汇区民营企业党建工作案例汇编》，徐汇区新时代民营经济党建智库正式上线发布，党建智库面向徐汇区民营企业党员的学习实际，搭建资源平台，内含专家库、课程库、案例库、志愿库，使企业的党建工作有抓手有依靠，实现零距离的学习教育。

上海均瑶（集团）有限公司党委书记陈理、爱尔眼科医院集团上海特区CEO李秋明、漕河泾街道办事处副主任张建分享了民企、商会党组织建设。

第四节　"同舟汇"楼宇党群服务站

均瑶集团在上海均瑶国际广场设立"同舟汇"楼宇党群服务站，"同舟"，即风雨同舟、和衷共济之意，寓意民营经济人士坚定决心跟党走；"汇"，即广泛汇聚前行力量，戮力同行，共同构建徐汇区域化党建大格局。

一、企业融入区域共建

均瑶国际广场位于上海市徐汇区肇嘉浜路789号，是国际性大都市中心城区的地标建筑，也是上海第一座以民营企业命名的甲级商务楼。楼内建筑面积近 8 万平方米，150 余家公司入住办公，白领多达 3 000 余名。连续多年蝉联徐汇区"税收亿元楼"的称号。上海市各地在沪（商会）联合会、上海市会计师协会、上海市律师协会均入住其中。

"同舟汇"由民营企业主动发起并提供场地、装修及日常运营费用，专人管理运营，是上海市 500 余家楼宇党群服务站中不多的案例。"同舟汇"成立后，均瑶集团党委在所在街道党工委支持下，会同楼内党组织、业主、租户共同研究站点发展方向和路径，共同管理，日益发挥出"立体社区"的中央客厅作用。

2019 年 11 月，均瑶集团在大楼最佳地段——20 楼腾出 300 平方米的办公用地，作为活动的场所，"同舟汇"揭牌那天，徐汇区委副书记和街道党工委书记来指导，董事长王均金到现场看望。

"同舟汇"楼宇党群服务站揭牌仪式

"同舟汇"发挥了凝聚业主、服务白领、提升营商环境的作用，探索实践大都市"共建、共享、共治"共同体。楼宇作为城市经济的重要载体，既是优化营商环境的发力点，也是基层党建的实践点。"同舟汇"党群服务站的成立，被评为 2020 年度均瑶集团党建十件大事之一，标志着均瑶集团的党建，由企业党建向楼宇党建的跨越和拓展。已经创建了上海市五星级母婴房、全国总工会职工书屋示范点。

二、"一网通办"进大楼

为拓宽企业和员工办事渠道，"同舟汇"引入"一网通办"系统和政务自助一体机，跑出了服务企业、便民利民加速度。政务一体机共涵盖社保参保证明打印、租房公积金提取等事项，不仅让企业和员工不出楼宇就能解决简单的政务事项，也能满足周边青松城、尚秀商务楼、五州国际大厦的企业和员工以及居民的需要。

在枫林街道党工委指导下，楼宇联合党委吸收楼内的重点单位及物业等利益相关单位，设立楼宇治理管委会（简称"楼管会"），为楼宇治理出谋划策。逐步形成"楼宇联合党委→'楼管会'→'同舟汇'→楼宇党员群众"的组织体系，一同把党的政策与方针落实到企业经营和楼宇治理中，把服务党员群众落到实处。

在疫情防控期间，"同舟汇"志愿者们一起穿背心、戴党徽、亮身份。志愿者每天早上或中午上班前抽出 1 小时，协助楼宇物业登记复工人员、企业，对进出人员进行体温测量，助力企业复工复产。在集中接种新冠疫苗的六七月，"同舟汇"和所在街道、均瑶集团、楼宇物业积极沟通，在各方的共同努力下，开设临时疫苗接种点，送"苗"进楼，定时定点为楼内外员工、居民提供立等可及的疫苗接种服务。

三、"立体街区"活动多

"同舟汇"采取企业主办、社区合伙、品牌进驻、定期活动的方式，目标是打造区域党群工作的枢纽。

"同舟汇"坚持共建原则，先后吸引 30 余家企业、社会组织参与运营，集聚社会资源，共同打造"大楼会客厅"，设立了组织室、图书室、母婴室、演讲厅、宣誓墙等功能。汇聚资源，如与母婴品牌"优护佳"联合定时更新、清洁母婴室设施设备，与七方律师事务所共同推出"法律咨询"，与上海市各地在沪（商会）联合会共同打造"午间书院"等等。

"同舟汇"的定期活动从星期一到星期五都有安排。我们定期在均瑶国际广场的大楼内举办品牌进驻活动，已经固定的有："服务星期一""公益星期二""欢乐星期三""学在星期四""健康星期五"。

同舟汇"健康星期五"活动现场

华瑞银行入住后，提供了瑜伽课程，红十字会举办急救知识讲座等。而且很多活动都是系列的，并非只做一期。还定期举办青年交友联谊活动，并邀请外部机构如枫林街道团委提供瑜伽、手工等活动支持。楼内白领对这类活动反响热烈，尤其是手工活动和非遗体验项目，如口红制作、精油皂制作、精油香薰、皮影戏制作等，每次活动报名都非常踊跃。

人民网、上海基层党建、上海两新互动网先后报道"同舟汇"案例；《赓续·启航——徐汇区城市基层党建案例汇编》认为，"均瑶集团牵头在均瑶国际广场打造的党群服务站'同舟汇'已成为区域内的楼宇党群枢纽并开始辐射周边楼宇企业"。

徐汇区委常委组织部部长刘琪多次现场指导，要求将"同舟汇"打造成徐汇区"两新"党建枢纽，以高质量党建引领高质量经济发展，助推徐汇建设卓越城区，助力上海全球城市建设。

【特写：妈咪小屋】

上海均瑶国际广场有限公司高级经理余娟是一位兼职党务工作者，她从"同舟汇"建立之初就参与进来了。她兼任了"同舟汇"副站长，除了管理场地外，"同舟汇"党群服务站的"妈咪小屋"是余娟分管的一部分工作。

"妈咪小屋"面积不大，却是楼宇内哺乳期白领的乐园。过去，产后回来上班的她们往往只能在卫生间、会议室

"妈咪小屋"实景图

或储藏室等有些不堪的环境中解衣吸奶，甚至因为太不方便从而早早给孩子断了奶。而现在，"妈咪小屋"却为这个特殊人群提供了一个温馨、舒适的空间。

"妈咪小屋"的装备是顶配的。按照五星级标准配备了沙发、靠垫、空调、净化器、冰箱以及消毒柜等设施，以确保妈妈们在这里能够得到最好的照顾。它的设立极大地解决了哺乳期的妈妈们在公共场所哺乳的尴尬难题。在"妈咪小屋"吸奶的流程是"一条龙"式的：吸完奶后，将奶水放入冰箱，再在消毒柜中将吸奶器具消毒。

不仅便利了吸奶，这里还成为了妈妈们交流育儿经验的平台。一些二胎妈妈还会向一胎妈妈传授经验。妈妈们对"妈咪小屋"心存感激，纷纷赞不绝口，并自发地向楼内其他妈妈推荐这一好地方。甚至不少准妈妈们都会好奇地提前来"踩点"。

最多的时候，甚至有多达 5 位妈妈同时在这里吸奶。甚至有人说比自己家里面还要舒服，因为余娟把这里的气氛布置得很温馨，沙发和靠垫等设施都特别适用。余娟本人也是一位母亲，但却没能在"妈咪小屋"成立之前享受到这样的便利，但每次看到其他妈妈们能在这里收获一份开心和惬意，她都感到无比欣慰。后来她还专门放了个留言本，让妈妈们把一些想法或意见都写在上面，以便能够更好地做好服务。

"妈咪小屋"得到了上海市总工会的支持和认可。目前，上海市内各公共场所内已经配备了许多个类似的"妈咪小屋"，但像"同舟汇"这样全方位提供服务是少见的。

在"妈咪小屋"的整个筹备和运营过程中，余娟事无巨细地参与，包括装修、采购和报销等麻烦琐碎而又费时的工作，她都能耐心并顺利地解决。

我们在 2019 年 11 月正式对外宣布了"妈咪小屋"的开业，虽然严格来说只是举行了开幕式。紧接着在随后的几年里，我们根据项目的进展和达到的标准，逐步向更高的星级目标迈进。2020 年，余娟首先为"妈咪小屋"申请成为了三星级，经过一年的努力与提升，2021 年又成功申请成为四星级。到了 2022 年，她继续努力，终于将其申请成为了五星级，这是该评定体系中的最高等级。之所以需要三年时间才达到五星级，是因为按照规定，每年只能申请提升一个星级。

为了增强管理本领，给起步不错的"同舟汇"加分，组织安排余娟到标杆单位徐汇区滨江党群服务中心挂职学习。滨江党群服务中心主任夏瑞热心指导，安排了专门的带教老师，余娟驻点学习回来后，对标先进结合自身特点，她提出很多的想法和建议，目的就是整合资源把服务做得更好。

比如举办楼内企业沙龙为企业带来增值；服务于企业和白领的公益活动，带给企业白领的福利。怎样扩大影响？在大堂、电梯等显眼位置宣传二次升级后对外免费开放，企业家沙龙、组织生活室、公益活动等，提前制定月度活动清单，发送到企业。

比如，发挥"会客厅"作用，根据客户需求策划企业沙龙活动，可一个月一次或每两周一次，由企业轮值做活动策划者。第一次活动一定要打响品牌，要做到了解企业的真正需求，让企业感兴趣，主动来参加。

又比如，为企业提供更多更周全的服务：比如街道事务中心来宣讲政务机的使用，为企业提供便利；积分落户政策；营商政策、公积金政策等等。

理想很丰满，世上没有容易办成的事情，要落实上述事情，考验着余娟怎样整合资源办成事。

第八章
独 上 高 楼

　　大学者王国维在《人间词话》说："古今之成大事业、大学问者，必经过三种之境界：'昨夜西风凋碧树。独上高楼，望尽天涯路'。此第一境也。'衣带渐宽终不悔，为伊消得人憔悴。'此第二境也。'众里寻他千百度，蓦然回首，那人却在，灯火阑珊处'。此第三境也。"治学如此，做事亦然。

　　改革开放以来，民营经济快速发展，已成为发展社会主义市场经济的重要力量。民营企业党组织是我们党的组织体系中的重要组成部分。习近平总书记指出，非公有制企业的数量和作用决定了非公有制企业党建工作在整个党建工作中越来越重要，必须以更大的工作力度扎扎实实抓好。中国特色社会主义最本质的特征和中国特色社会主义制度的最大优势是中国共产党的领导。一方面，推进民营经济健康发展，必须坚持党的领导，加强党的建设；另一方面，坚持和加强党的全面领导，要求党必须适应改革开放和社会主义现代化建设的要求，把党的领导落实到一切工作当中，贯穿到经济社会各个领域、改革发展每个环节。

　　政治引领有了之后，怎样落实落细，是摆在基层党组织面前必做的考题。

"党建工作做实了就是生产力，做强了就是竞争力，做细了就是凝聚力"。随着民营经济的迅猛发展，党建工作如何推动民营企业健康发展？党组织能不能在民营企业中立住脚？活动能不能顺利开展？说话有没有人听？工作能不能得到业主和广大职工认可？曾几何时，一系列长长的问号，如同一张严肃的考卷摆在均瑶集团党委面前。二十年来，这个"级别"最高的党委按照"党建强、企业强"的要求，围绕企业"两个健康成长"，积极实践创新民营企业党建工作法，一笔一画认真书写着一份力求令人满意的答卷。

伴随企业的发展，均瑶集团党组织也在成长。集团党委的工作经历了一次又一次的嬗变，逐渐形成了"执着坚守、和谐共进、锐意创新、有为有位"的党建工作特色，收到了"业主信赖、党员信任、职工信服"的良好效应，各项工作一步一个脚印，不断迈上新的台阶，展现了民营企业党建工作的探索实践之路。

本章结合我长期从事民营企业党建工作实践和思考，以均瑶集团党委的实践为例，从民营企业发展的高度、深度、力度，三个维度来描述"衣带渐宽终不悔"的追寻。

第一节　高度：政治建设"铸魂"

民营经济是国民经济的生力军。民营企业党组织是党在企业中的战斗堡垒，在企业职工群众中发挥政治核心作用，在企业发展中发挥政治引领作用。坚持以政治建设"铸魂"，突出政治功能，把握好党的建设、企业发展、社会责任三者之间的关系，对激发民营经济活力具有重要意义。加强民营党建工作，要求增强党组织书记的政治责任感和业务能力，创造性地用好各种机制，将党的领导始终贯穿于企业发展全过程，将党建工作充分融入企业经济工作，引领企业健康发展。

一、政治引领的首要任务

政治引领的首要任务是将党组织内嵌到公司治理结构，同频共振推动企业健康发展。

东西南北中，党是领导一切的，是最高政治领导力量。在民营企业，党组织发挥政治引领作用，内嵌到公司治理结构，这是中国特色的现代企业制度。与公有制企业相比，民营企业党组织没有行政权力作为依托，企业具有的人才、物资和财产以及产品的供货和销售的支配权主要是掌握在出资方代表的手里，很容易出现工作上的"两张皮"现象。均瑶集团党委一成立，就积极争取董事会支持，将党组织列入公司组织架构图，并对标公有制企业的做法，将党组织内嵌到公司治理结构，为同频共振推动企业健康发展提供制度支持。

二、政治引领的关键

政治引领的关键是当好政治知己和经营参谋，把出资人培养成长为党建工作同路人。

民营企业主要出资人的政治素养对企业党建工作坚定支持与否成为民营企业能否搞好党建工作的重要基础。党组织书记不仅需要具备较强的政治素养和党务能力，还必须懂得企业经营，在企业经营的主要领域有一技之长，这是党组织能够融入企业并发挥作用的能力要求。均瑶集团董事长王均金是全国政协委员，2024 年已经是第 17 次参加全国"两会"，作为一位优秀的民营企业家，他对党怀有一颗感恩之心，是改革开放政策给他的创业发展带来了机遇，他深切体会到党组织在企业发展中强大的领导力和组织力，因此，对企业建立党组织和党组织开展工作给予了极大的支持。在组织架构上，突出党组织的重要地位；在工作方法上，结合企业经营管理经验对加强企业党建工作提出许多建设性意见，比如支持党建工作建章立制，支持党委开展重大活动，积极参加党委组织的政治学习和重大节庆活动，充分发挥党组织在企业中的引领作用。

中共上海均瑶（集团）有限公司党员代表大会

另一位主要出资人王均豪已光荣入党，并成长为集团党委书记。在党组织的教育培养下，他们先后获得"优秀中国特色社会主义事业建设者"称号，成为中国特色社会主义事业的坚定追随者、实践者。

王均豪当选均瑶集团党委书记

三、政治引领的基本要求

政治引领的基本要求是发挥党的政治优势，营造先进的企业文化。

发挥党的政治优势，把思想政治工作这条"生命线"牢牢抓在手上，营造先进的企业文化，是民营企业奋发向上健康发展的内在动力。近年来，集团党委深入抓好习近平新时代中国特色社会主义思想和党的十九大、二十大精神学习教育，引导广大职工对"两个确立""两个维护"的政治认同、思想认同、情感认同。深入开展"两学一做""不忘初心、牢记使命""深入学习贯彻习近平新时代中国特色社会主义思想"主题教育，建立党建实训学校，组织党员干部、企业骨干开展经常性的党的创新理论学习，加强党性锻炼，培育工匠精神。重要的会议奏唱国歌，重要日子悬挂国旗，加强爱国主义教育。企业依照中央六部门选拔优秀中国特色社会主义建设者的做法，依照公司建百年老店的使命，制定出选拔标准，在职工中评选最高荣誉的"百年老店优秀建设者"，营造奋发向上的企业文化。

第二节　深度：以组织建设"聚力"

党的根基在于组织，党的力量也在于组织。只有党的各级组织都健全、都过硬，形成上下贯通、执行有力的严密组织体系，党的领导才能"如身使臂，如臂使指"。加强民营企业党建，要求加强组织建设，严密组织体系，规范组织管理。均瑶集团首先根据党内要求和实践经验，编制《均瑶集团党建工作标准手册》，从 1.0 版到 3.0 版，不断提高基层党务干部的组织能力和工作效率。

一、加强组织建设

加强组织建设，坚持业务发展到哪里，党的组织和党的工作就覆盖到哪里。

在实践中，均瑶集团按照国家战略和上海发展目标通过重组和扩大生产，积极拓宽业务范围，相继发展了航运、金融、科创等业务，4 家公司主板上市。近二十年来，业务不断延伸拓展到全国各地，集团党委坚持业务发展到哪里，党建工作就推进到哪里，对设立在外地的党组织实行属地、属资双重管理的方式，无缝嵌入当地的党建工作。比如，在武汉成立以属地管理和属资管理相结合的双重管理机制。企业在业务高速稳定发展的同时，党员队伍迅速壮大、组织管理效率提高。党员队伍从党委成立初期的 101 人发展到现在的 2 700 人，占职工人数比例 14%，党委发展到 15 个，有 100 多名职工获得了上海市各级优秀党员、劳模、三八红旗手等荣誉称号。

二、推进人才培育

推进人才培育，坚持将党的建设、党管干部写入公司章程。

人才是企业发展兴旺之本。在 2004 年 6 月均瑶集团党委成立仪式上，主要出资人与党委书记当众签署《党委参与干部管理委托书》，公司经营管理人员与党务干部双向进入、交叉任职，董事会遇到重大决策问题，先征求党委的意见。在集团董事、监事等高级管理人员中党员占 85%，主要业务子公司董事、监事等管理层面的党员占 95% 以上，均瑶集团在多年实践的基础上，结合党建工作面临的新情况、新要求对公司章程做了修改，增加了加强党建工作两条六款，在公司顶层设计上确定了党管干部、主体政治责任等职责，要求"将骨干培养为党员、将党员培养成骨干"，树立先锋标杆、党员骨干双向培养，为企业健康发展提供坚实的人才保障。

三、严密组织体系

严密组织体系，坚持围绕发展抓党建，抓好党建促发展。

企业是以盈利为目的的经济组织。均瑶集团党委在实践中深刻感悟到，企业发展是党组织能在民营企业中扎根的基础，必须打破"就党建抓党建"的惯性思维和路径依赖，以围绕发展抓党建、抓好党建促发展为根本导向，发挥基层党组织战斗堡垒作用。充分认识和发挥党建工作独特的组织领导、组织方法、组织网络、组织动员和保证监督的优势和作用，将党建工作作为资源要素，嵌入组织结构、制度和经营管理。早在十多年前，均瑶集团党委针对存在的有组织，无结构；有书记，无部属；有任务，无考核等组织力软弱现象，在董事会支持下，按照《中国共产党章程》和《中华人民共和国公司法》明确的关于加强企业党建工作规定，加强民营企业党建工作，将党组织纳入公司组织架构，做到各项工作同步落实，将党组织的经费纳入公司年度预算，为进一步加强企业党建工作提供强有力的组织保障和经费支持，积极推动党建工作与企业生产经营有机融合。

四、创新工作理念

创新工作理念，积极探索与企业管理相匹配的党建工作方法。

党建工作融入企业组织结构，引领企业健康发展，要求创新党建工作方法。均瑶集团首先从"服务对象"出发，概括出"一服务、三满意"的工作理念。在实践中不断探索和总结梳理，广泛听取意见不断完善，形成以"一引领、二服务、三满意、四结合、五纳入"为主要内容的"党建工作法"，即引领企业和企业家健康发展；服务党员、服务社会；上级党委满意、出资人满意、职工满意；将党的理论与企业文化建设相结合、将工作定位与理顺生产关系相结合、将党建与公司品牌建设相结合、将政治知己与经营参谋相结合；党组织工作机构纳入公司治理结构、党建工作经费纳入年度预算、党的工作纳入企业年度工作计划、党员和职工的思想教育纳入品牌建设、党员先进性纳入企业绩效考核体系。企业党建工作从理念到方法逐渐成熟，在中组部 2017 年 7 月举办的"非公经济书记培训示范班"上，我在交流党建工作心得时具体阐述了均瑶集团"党建工作法"，得到与会来自全国优秀党组织书记的认同并产生共鸣。

第三节　力度：以创新发展"赋能"

追求经济效益最大化是民营企业的核心价值，也是出资人的最大利益。均瑶集团党委坚持把发展作为最大的政治，以创新发展"赋能"，从主动介入到互动融合，将党的政治优势、组织优势转化为企业发展优势，推进企业健康发展。企业每年复合增长率10%，纳税增加，企业规模列中国企业（服务业）500强、上海企业100强，每年解决就业3 000多人，职工爱岗敬业，岗位创先争优蔚然成风。

一、注重理论武装

注重理论武装，增强党员群众责任意识、担当意识。

均瑶集团作为民营企业，加强党员教育管理，发挥党员作用，客观上存在资源匮乏的尴尬，无固定讲师、无现成教材、无固定场所。党委于2019年成立"均瑶党建实训学校"，通过内部选拔培训50名骨干教师，自编教材组织审定，从车间到红色景点因地制宜建立实训课堂，加强党员教育管理。同时通过党员自愿组合，支部领导、党委命名建立，

走街串巷为群众宣讲理财的"梅松党员工作室"

由团队领衔人名字命名的"党员工作室"，通过开展"党员认领项目"，为充分发挥党员先锋模范作用搭建平台。通过规范"党委季度学习会"，邀请董事长一起深入学习领会习近平总书记新时代中国特色社会主义思想，及时学习了解党和国家的方针政策。

近三年来，每年通过业余时间培训党员 5 000 人次。1 500 人次参与"党员工作室"和"党员认领项目"，产生了万米高空党建的"李国坤党员（教学）工作室"、走街串巷为群众宣讲理财的"梅松党员工作室"，他们在各自的本职岗位上发挥党员的先锋模范作用，助推企业高质量发展。

二、推进民主管理

推进民主管理，凝心聚力激发企业发展合力。

在每年的职代会上，公司总经理都会向职工代表报告公司经营情况，收到十多份职工提案，代表从停车到食堂用水，从评优到增强培训力度，大事小事全部是职工关切的事。2013 年第一届职代会以来，职代会制度不断完善，各业务公司全覆盖，加强民主管理，多个单位获得全国和市、区"五一"劳动（奖章）奖状。六届体育运动会、三届职工

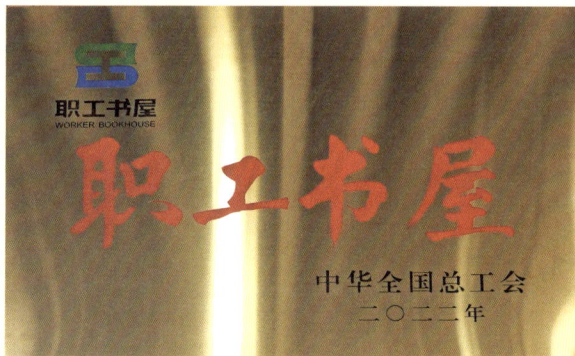

职工书屋获得全国总工会示范点

书画摄影展，十几个党员牵头的兴趣文体活动小组，共青团员积极发挥作用。其中母婴室获得上海市五星、职工书屋获得全国总工会示范点等等，给职工带来良好的工作环境和生活乐趣。职代会制度在广大职工中形成了强大的凝聚力和号召力，获得主要出资者的高度认可并积极参与，营造企业凝心聚力共同发展合力。

接受新华社品牌论坛采访

三、加强品牌建设

　　加强品牌建设，树立企业良好形象。加强品牌建设是推动高质量发展的重要内容。几年来，集团党委坚持以品牌建设为引擎，加强企业文化建设，推动企业健康发展。七年前公司曾主导开展品牌资产大讨论，企业内部对提升品牌资产形成共识，制定了品牌资产管理制度。之后又率先建立了首席品牌官制度，引领各业务单位走向品牌建设之路，创品牌成为企业经营的核心价值，品牌建设成为各个业务公司的战略，公司的班子成员纷纷担任首席品牌官，品牌建设在业务经营中尝到了甜头，业务绩效明显增长。党组织组织建设了一支"歌颂改革开放，讲好均瑶故事"的宣传队伍，引导主流价值观，确立了"为社会创造价值，建国际化现代服务业百年老店"的企业使命；党委牵头主办扶贫慈善等公益活动，在贵州省黔西南布依族苗族自治州的望谟县开辟了"万亩板栗高产示范园""千名骨干教师培训计划"，在国际大都市开辟"同舟汇"党群服务站，将企业党建扩展到楼宇党建、区域党建。

第四节　梦里寻她千百度

如何夯实民营企业党建工作的根基，是我苦苦追寻求破解的难题。

均瑶集团根植于中国改革开放的热土，它的文化、它的发展成长的轨迹，它的当家人和劳动主体，构成了党建工作的"肥沃的土壤"，使得从事党建工作的我，如鱼在水，如鸟在林，在党建的理念、方式方法、机制制度等方面可以进行大胆的探索和尝试。

作为"中国民营企业最高级别的党委"，在成立之初，我们就有一种"高处不胜寒"的感觉。如何在一个起点就相对比较高的平台上，伴随、助推集团的发展，与区域党建相呼应，使我们的党建工作始终与集团的发展、转型相契合，与"敢于创新，勤于创业"的文化理念结合，始终走在正确的轨道上，形成思想的、组织的、文化方面的保障体系，为集团开拓发展服务，做民营企业党建工作的探索者，是我苦苦思索的一道难题。集团党委成立大会就像生动的一堂辅导课，让我对占领思想高地、敢于创新的制高点有了更加切身的领会。

均瑶集团通过学习沙龙、季度学习会、顾问团、指导员，参访兄弟单位等举措，构建起了特有的思想、组织、文化保障体系。集团始终将党建工作视为企业发展的灵魂与基石，精心培育出一片党建工作的丰饶沃土。

一、自我学习促进步

集团党委自成立起便站在高起点，积极探索与集团发展同频共振的党建新路径，致力以党建为引领，筑牢企业发展的基石，打造更加坚实的发展根基。

2004年3月28日是党委成立以来第一次学习沙龙，请全国政协委员、集团董事长王均瑶先生介绍出席全国"两会"的情况，同时邀请了上海市委党校的徐根兴教授谈当前经济形势与展望。那天我们请了全体党员，还有集团的高管、普通员工代表参加。王均瑶董事长生动的介

均瑶集团党委学习沙龙活动

绍，鼓舞人心的愿景，以及徐教授入木三分的分析，嬉笑怒骂皆成论据的生动演讲，给大家留下春风吹拂的感觉，很长一段时间，同事们仍然津津乐道学习的内容。

这种学习成为了制度。初步搭建党员、高管学习的平台。"两会"和建党节成了学习的固定时间。在这些固定时间之外，应党员干部的需求，延伸为常态性的季度学习会，不定地点定时间。先后在中共一大会址纪念馆、淮海战役旧战场、四行仓库、交大校史博物馆、市委党校新时代陈列厅，等等，都留下了党员干部参观、讨论的足迹。

两委委员参观学习上海市委党校

二、聘请"外脑"求助力

在民营企业党建的经验和案例极度缺乏的阶段，党委商量了"党建工作要搞好，要用外脑，要有智囊团。我深感创新和探索不能成为空中楼阁，而要稳扎稳打，走一步成一个台阶，于是提出了这个意见，并在党内取得一致意见。讨论中，我在白纸上给党委同事写下了"顾键键"（时任上海市委党校科学社会主义教研室教授）三个字，又写了"李勃"（时任上海市委组织部组织处处长）"王冶勇"（时任上海市委组织部组织处副处长）两个名字。后来，张克文（时任上海党建文化研究中心主任）、沈明达（时任交通部三航设计院党委书记）、袁建国（时任上海市社会工作党委副书记）等相继进入这份名单。后来，我们把它叫做党建工作"专家委员会"，专门发了聘书，确定每季度召开一次咨询会，形成机制。

后来，随着时间的推移，汪丹（时任上海组织部组织一处副处长）、胡永明（时任上海市社会工作党委基层处处长）、毛俊（时任上海市社会工作党委人力资源处处长）先后成为集团党委聘任的专家。作为上海市社会工作党委批准建立的第一家民营企业党委，我们背负着与生俱来的责任和压力，又是前进的动力。这种责任、压力和动力与业主、员工、党员的期望相结合，促使我们向创新、有效、示范的方向不断追求。为了保障党建工作的高质量、有效性，我们在党建工作的具体项目上，也引进了专家评审的机制。我们建立的党委组织架构、拟订的党委工作职责，编撰的《党务工作者执行手册》等都得到了外部党建专家的悉心指导和帮助。

2008 年 6 月，我们又聘请了上海市社会工作党委的联系人、基层处副处长童强为集团党委党建工作指导员。这位全军优秀指导员对集团党委工作视作份内工作，不但经常与我们交流、探讨各类问题，而且帮助我们处理工作中的许多具体问题。在我们碰到困难和问题的时候，我也不客气地随时拿起电话请教。那段时间，"童指导员"俨然成为集团党委的一员，包括上海市社会纪工委的龚强、施耀庭，人力资源处的吴红伟、张大鸿等在内，形成了一个没有聘书的党建指导员群体。有的至今仍然在指导我们。

2014 年 6 月 20 日，为了在即将召开的集团纪念建党 93 周年大会上进行集团党委首批党支部"标杆项目"表彰，使我们在"一个支部一个项目"的党支部项目工作法基础上推荐产生的"标杆项目"立得住、叫得响、孚众望，我们请专家评审团进行了一次最严苛的评选——在30 家党支部推选出的 10 家"项目"中进行决赛。10 个项目、10 名支部书记积极准备。精美眩目的 PPT、侃侃而谈的雄辩、一份份骄人的成绩单放在评委火眼金睛前"烘烤"。

三、参与课题促学术

2010 年，集团党委参加了由上海市委研究室副主任李琪牵头、上海市社会科学"十二五"重点课题"国际大都市执政党执政规律的研究"课题组专题研讨会。这可以说是真正的"高、精、尖"课题——国际化大都市、执政党、执政规律，这些关键词彰显了这一课题的重大的、现实的意义。课题按照总论、社区党建、国有企业党建、机关事业单位党建、民营经济党建等专题展开。

根据分工，均瑶集团党委承担了民营经济党建的撰写工作。我们走访上海市知名的民营企业党组织，召开了几场座谈会、交流会，看了数不清的资料。好在经过几年的实践，我们已经有了感觉和感悟。我们站在上海"四个中心"国际化大都市的高度，分析了无隶属关系、无物质资源、无"执政"地位的民营企业如何有效开展党建工作，在特殊领域体现出执政党的作用，有效发挥执政党的功能，提出了切实可行的建议。大家鼓励我们，这份报告中最难写的一部分写得很有水平。后来这一课题获得了上海市"十二五"社会科学优秀奖。

四、考察指导促提高

作为"草根型"民营企业的代表性企业，均瑶集团这些年快速、健康的发展也得到了上级组织和领导的关注。这些年各级党委、工商联、统战部、工会等系统的领导多次到集团调研、指导，也使我们能够在第一时间当面聆听有关领导、专家的指教，所受教育匪浅。如2005年2月，全国党员先进性教育督导组在张玉台组长的带领下，赴集团了解上海先进性教育活动开展的情况，我们作了认真的汇报，得到了巡视组的肯定；2006年11月，全国工商联主席黄孟复视察均瑶集团，对集团党建工作、可持续发展提出了殷切期望；2013年10月，上海市领导调研均瑶，对集团的发展给予充分肯定。中央统战部部长杜青林来上海调研民营经济组织党建，在均瑶国际广场32楼会议室听取区、街道、企业党建工作汇报；中央统战部副部长、全国工商联党组书记胡德平与副主席程路来均瑶国际广场37楼创业展示厅，共同揭牌"百年老店"匾牌，市人大常委会主任殷一璀，市委副书记罗世谦，市工商联主席王新

上海市工商联党员先进性教育赴均瑶集团考察座谈会

奎，市委常委、市委统战部部长杨晓渡，市委常委、市委统战部部长沈红光等领导先后到集团调研、指导，党建专家冯小敏、周鹤龄以及市社会工作党委的领导，直接地、具体地指导我们的工作。

五、他山之石常借鉴

做好党建工作，要动脑，要动手，还要动脚。从 2007 年开始，我给自己，也给党委班子定下了一条规矩：每年至少走访 5 家兄弟单位党组织，以空杯的心态，虚心地学习兄弟单位的经验，以改进集团党建工作。我们从上海市首批十一家民营企业党建示范点开始，按照一到两个月一家的节奏，凯泉泵业、永达集团、红星美凯龙、国药集团、复星集团、大众交通、上海岩土勘察设计院、三毛集团、上海通用汽车、中国商飞一家家走下来，包括德力西集团、正泰集团、置信集团、红豆集团。这些企业，有央企，有合资企业，也有股份制企业，但是每家单位的党建工作都搞得生龙活虎、热气腾腾，与企业发展相互辉映。学，然后知不足；学，然后知奋进。这种学习，对均瑶的党建工作来讲，都是宝贵的经验。

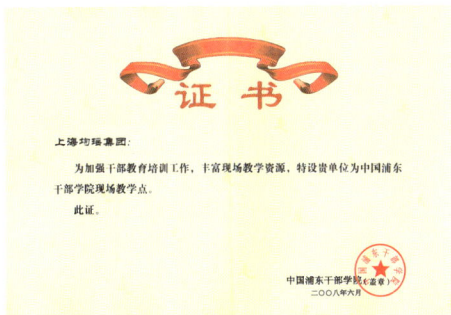

"中国浦东干部学院现场教学点"证书

被聘为中国浦东干部学院"上海均瑶集团现场教学点"兼职教师证书

2008年6月26日，我从上海市委副书记、中国浦东干部学院第一副院长殷一璀同志手中接过了"中国浦东干部学院（现场）教学点"的铭牌，均瑶集团正式成为这家国家级高级人才培养基地的现场教学点。目前，教学点已经发展到300多家，民营企业在其中依然屈指可数。总裁和我都被聘为兼职教师，并且为学员开设了"民营企业党的建设""民营企业创业和成长期的公司治理""民营经济发展与社会责任"等课程。我们接待了中央直属机关党员领导干部学习班、香港地区社会工作者学习班、甘肃省地市领导学习班等的来访，还积极承担了全国、上海市民营经济党建工作研究的任务。不仅如此，集团党委还积极参与了上海市民营经济研究会党建工作委员会的筹建工作并当选为主任单位。

第九章
这 人 那 事

在完成了本书主体内容的撰写之后，我如同漫步于记忆的长廊，又在不经意间想起了许多被时光尘封的细节。在为理想奋斗的道路上，那些挑战与困难磨砺着我，成了我生命中不可或缺的部分。那些喜悦与痛苦，汗水与泪水，都成为了我人生旅程中宝贵的财富。

这些遗珠闪闪发光，也令我不舍丢弃。于是我决定为它们再添加一章，希望能在原有基础上，再为本书多增添一份温度。

第一节　"方法论"是怎样"声动"均瑶？

2017年1月14日，均瑶集团年会上，王均金在主题演讲中除了对业务作点评之外，还用了较大的篇幅论述了"一二三四五方法论"，并将其上升到建设"百年老店"发展思路的宗旨，应用到推动战略落地的实施中去，参会的高管也进行了深入的思考和学习。

其中关于"百年老店"的概念，我最初是在2003年9月17日听到的。那时我刚来上海不久，作为高管参加了在浦东康桥总部召开的一次集团战略规划会。均瑶集团从温州搬到上海后，面临的大小环境都发生了变化，相应的工作方法和理念也需要改变。

会上大家讨论如何摒弃旧观念，导入新文化，在上海做大做强。时任均瑶集团总裁的王均金冷静而沉稳地提出先强后大、立足做百年老店的发言，给人耳目一新的感觉。我在当天的工作笔记中特地重点做了记录。几年后，已经担任集团董事长的王均金将"百年老店"作为战略目标，确定了公司使命。

2016年4月1日，王均金应邀到宁夏，参加由宁夏回族自治区区委统战部、工商联举办的"知名企业家讲堂"。作为主讲嘉宾，他以"为社会创造价值，促企业可持续发展"为主题，结合均瑶集团发展历程和个人经历，与自治区民营企业家分享心得体会。讲堂上，王均金围绕"一句使命、两个恒、三种文化、四个满意、五种思维"的框架，详细讲述了均瑶集团的发展历程、转型升级、产业布局以及为社会创造价值，建国际化现代服务业百年老店的企业文化。王均金把自己长期在实践中思考的"软实力"和盘托出了。

多年来，均瑶集团不断厘清主业，多元发展。实践证明了其多元发展具有的优势，也得到了更多的认可。尤其是集团多元化布局、专业化管理，稳健发展，紧跟上海国际中心城市的战略布局，集中资源进入门槛较高的航空、金融等行业，在上海滩甚至经济界有口皆碑，硬实力日益壮大。当然，在此期间的重要转型升级期，大型企业所必须的软实力文化建设更是重要。

我非常赞同并全力投入企业优秀文化建设，认为必须从制度、机制、思维方式、行为习惯多方面贯彻和实践，高级管理者带头示范，严格要求自己，带出团队。把"方法论"内化于精神追求，外化于自觉行动，做一名百年老店优秀建设者。

我必须说点什么。

我带头写作并在内刊上发表了两篇体会文章，抛砖引玉。分别是《转型发展需要新格局——学习"方法论"的初步体会》《主人翁的满意度——学习"方法论"的体会之二》，带来了高管群体的讨论热潮，纷纷挥笔写作。此后共有高级管理层发表了22篇体会文章。他们都结合实践亮观点，文章不长，观点鲜明，在职工中起到了很好的带头作用。作为接力赛的第二棒，职工群众的热情也不低。他们从班组、柜台的角度讲实践、讲方法论。

这项文化建设活动在2018年达到了高潮。我们把这项活动作为纪念改革开放四十周年的重头戏，更加赋予了其文化意义。

党委因势利导，以征文和演讲比赛的方式，助推和鼓励这场全员参与的职工文化建设活动，力求广泛发起群众性的学习实践活动。党委以党员作用为引领，坚持推优选优，以先进党员和先进人物的鲜活案例来教育员工、影响员工、鼓舞员工，形成了以党员为主体的先进个人示范群体。

经历了三月的比拼，从入围的50多篇中评出了征文决赛榜单，最后有20名选手进入演讲比赛决赛，决出雌雄。互联网真是帮了大忙，由于吸收了群众评委和无记名投票等等公开公正公平的手段，对于评选结果大家都心服口服，没有人有异议。文化建设的形式和实践收获了完美的结果。

获得征文前几名的题目分别是华瑞银行的《那些人，那些事》、吉祥航空的《机坪上的"方法论"》、世外小学的《用好"方法论"勇登世界舞台》、九元航空的《火花》，都很引人注目。演讲决赛场面真是壮观，20名选手使出浑身解数，从演讲内容到演讲形象一点也不马虎，最后，吉祥航空年轻的乘务员任晓梦以《我骄傲，我是吉祥人！》夺魁，

实习实践"方法论"征文暨演讲比赛总决赛

世外中学、爱建集团也获得好成绩。

活动在延伸、落地。主要的业务公司纷纷以多种形式展示学习实践的成果：大东方"学懂弄通做实担当"宣讲会，爱建集团"改革开放与爱建歌咏比赛"，九元航空"99文化节"，宜昌房地产"方法论分享会"等，我们将这些成果图文并茂地整理出来，加上职工撰写的72篇文章，汇编成《墨诉衷怀　声动均瑶》一书。书的卷首语是这样写的："成员公司分别以丰富多彩的形式让'方法论'春风化雨般沁入每一位员工的心扉，将'方法论'真正落实到行动上，成为建设百年老店的重要的文化力量。"

文化建设也在延续。2022年，为迎接国庆节，我们做了一场高雅而有特色的活动，将"方法论"的内容写成书法，广泛邀请职工书法爱好者书写"方法论"，正楷行隶，各展其能。行政部同事用桃木镜框装裱，装饰在32楼迎宾区、走廊和会议室，整齐悬挂，令精美的艺术作品形成了独特的空间风景线。

效率文化 王寅范永进

感恩文化 壬寅初秋朱晓明書

为社会创造价值建国 傑化现代服务百年老店

职工"方法论"书法作品展示

第二节　这个民间党建论坛为什么吸引人?

2013 年 6 月 13 日,上海市民营企业研究会副会长夏斯德来访,他这次来均瑶集团就是讨论设立研究会党建工作委员会,并让我担任主任协作操办每年一届的上海民营企业党建论坛。

上海民营经济研究会会长是季晓东,他从市委统战部副部长兼上海市工商联党组书记岗位退下来,组织安排他去担任这个新的岗位。我之前就认识季会长,他是一位转业军人,颇具文人气质,想干事,能干事。在担任工商联书记的岗位上,多次到均瑶集团指导工作,是属于良师益友型的领导。他委托的夏斯德副会长也刚刚从普陀区委常委、统战部长岗位退下来,精力旺盛拥有足够资源,当时都在议论怎样落实党的十八大精神,办好党建论坛,让更多的民营企业一起学习,也算办实事。大家意气相投摩拳擦掌要办好这件事。

从这一天开始，我就"绑"上了民营经济研究会的党建工作，季会长还影响了一拨企业家一起参与，大家兴致勃勃的就干起来了，业务相关但没有从属关系的党建工作者，合作的非常愉快。这种相关但不从属的党建工作，也是上海大党建的概念引领下的党建工作，吸引了一群青年志愿者参与其中，大家一起做有益的工作，是非常愉快的。对我来说，视野更加开阔了，领域更加广了，积累了好经验，认识了许多新朋友。

上海民营经济研究会设在复兴西路的一栋保护建筑里，内部场地宽敞显得安静、楼前楼后的停车场宽敞，内环以内是极其难得的环境。党建论坛通常在二楼的小礼堂召开，可以坐 200 余人，秘书处的志愿者会邀请在沪的各地协会的领导以及从事党建专职工作的同志来参加交流。每逢开会的时候，遇到熟悉的同志就非常热烈的打着招呼，气氛非常融洽。遇到活动的时候，我通常提前到达，先到三楼的会长办公室，与季会长、老领导施南昌书记、夏副会长等人喝茶交谈，时间到点了就一起下来到小礼堂开会。

第一届论坛我们一起筹划。主题是怎样加强对非公有制经济和非公有制经济人士的学习培训，过几个月就一起筹划下一期论坛的主题和演讲嘉宾，力争每一届都举办得有成果。每年定期召开论坛，邀请上海市党建专家和企业家来演讲，原上海市社会工作党委书记施南昌、上海社科院汤蕴懿研究员、奥盛集团董事长汤亮、汇银集团董事长沃伟东等等，都是演讲嘉宾，我也借助这个平台自我施压，准备了《砥砺前行的上海民企党建》《民企党组织的政治执行力》《国企民企党建工作的五同五不同》等内容参与演讲交流。这个论坛总共办了 6 期，在民营企业产生了相当好的影响力，成为响当当的党建品牌。

季晓东会长把很多精力放在商帮和民营企业党建研究上，自己带头

在上海民营经济研究会年度大会上作演讲

写文章，牵头社会上的热心人事一起开论坛，努力为民营经济的健康发展发声音。与上海民企党建论坛"并蒂开花"的还有上海民营经济论坛。这些活动还吸引了一些市政府的老领导，各个区的统战部、工商联领导参与，邀请高等院校知名教授和知名企业家，定期到研究会展开论坛，发表演讲，发挥民间力量，做好社会工作。

2018年4月初，在季晓东会长的布置下，我与夏斯德副会长在均瑶国际广场商量并确定当年论坛的主题，我们结合中央对民营经济提出的"四信"（信心、信念、信仰、信誉）要求，确定了论坛的主题是：深化"四信"活动，促进民企党建，论坛上要发布研究成果，分派任务气氛活跃，大家各抒己见，纷纷出主意。大家分配了各自的课题，论坛演讲题目确定了"信念促进企业党建工作"、"信誉打开全球缆索市场"、市北园区"五个一谈信仰"，各个区都推荐一二个典型。从会场布置到会议形式、案例聚焦、专家点评等方式来增加论坛的生动鲜明等等。中华工商时报驻上海记者站站长杨联民在选题会上提出了指导意见。

其中有一届论坛的主题确定为"怎样让党建工作渗入到范围更广的小企业中去"，我们定下论坛基调：论坛上既要讲森林，讲大气候，也要讲树形，见细杆小枝，让众多的小企业也能有收获。我们确定了演讲定位，演讲题目要接地气，要针对企业尤其是小企业的痛点，主要解决基层党建引领小微企业按照党的政策导向，走持续发展的路子，展开论证也用大家熟悉的案例，得到参会的小企业老板的欢迎。

2019 年 11 月 19 日，上海市社联第十三届学会学术活动月暨第六届民营企业党建论坛如期召开。论坛上我与汤蕴懿研究员、季晓东会长分别作了演讲。当时我们还没有认识到这将是最后一届民企党建论坛。

上海民营经济研究会党建论坛，在季会长的主持下，我作为核心参与者积极投入，在社会资源和术业专攻方面有了坚实的基础。更重要的是，得到了园区党建和区域党建、企业党建、商会党建的呼应支持，发挥了很大的作用，总共办了六届。后来季会长退出会长职务，论坛也就停办了。但是它的影响力很深远。

在所有的党建论坛上，都能够看到一张专注的面孔，他就是温州在沪党工委副书记胡荣楼。

胡荣楼是上海一家泵业公司的创始人，下一代接手了公司业务，他就抽身参加一些社会活动，负责在沪温州商会的党建工作。我们最近一次工作上的联系，是温州商会加强商会党建工作，2024 年 4 月，胡荣楼协助商会新来的党建负责人到浙江商会学习党建工作做法，我作为浙江商会党建联谊会轮值理事长参加接待，向他们提出了搞好党建工作的几个建议。作为改革开放致富的这些温州老乡，逐渐地把精力放在企业稳定发展和职工凝聚力的建设上，尤其是在大上海要持续发展生产力，以学习交流进步为主旋律的社会活动，党建工作当然是最好的平台，像胡荣楼这样的党员老板越来越多了。

第三节　"党员工作室"是如何启动的？

"党员工作室"最早实施时间，在 2014 年 9 月。

从 2011 年开始，均瑶集团党委将党建重点放在支部层面，力求在服务上下功夫。创建服务型党组织的大气候，为均瑶集团党委深化支部工作、服务基层提供了充裕的"政策资源"。具备了"政策资源"后，党委又把重点放在了解决"最后一公里"的梗阻上，在服务成效的目标下踢好"临门一脚"。

从 2012 年开始，由集团党委委员、纪委委员组成的调研小组，已连续多年进行了多轮大型调研、指导活动。调研组成员深入到支部，与支部书记、委员、党员代表促膝谈心，分析情况，查找资源，落实措施，就地解决基层工作的难题，共同为支部建设"支招儿"。

在调研基础上，均瑶集团党委做好党委层面的设计和探索，提出了党委"工作到支部，全党抓落实"的工作方针，围绕支部、党员两个终端显示，看成效，看结果。在相继推出党支部创先争优项目、五星级党支部项目的实践基础上，提出了"一个支部一个项目"的项目工作法。

2013 年，结合服务型党组织创建活动，均瑶集团党委因势利导提出打造"标杆项目"，以员工的需要和推动企业发展为定位，紧密结合"服务企业、服务群众"的作用发挥，从解决企业发展中的急难险重工作、提升市场竞争力角度设立项目，在实践中发挥出党员的示范作用，体现服务细节。

在标杆项目的基础上，经过持续的调研与提炼，均瑶集团党委于

2014年9月提出在基层党组织中创建"党员工作室",把支部工作的重点逐步推进到"党员工作室"层面,将党组织的政治功能和服务功能进一步向一线延伸,落实在党员的工作岗位上。

最初的设计是,通过学习把基层的党员聚集起来干一点事。后来我们的想法成熟了,就将"党员工作室"的考核分为这么几个档次:学习是基础,重点是解决急难问题在岗位,若在部门层面解决则分数更高。民营企业生存环境差,只有动员全体骨干推进企业发展,才会持续实践"党建强、发展强"。

"王新党员工作室"是均瑶党委挂牌的首批"党员工作室"。"王新党员工作室"的"亮剑"时刻发生在航班延误最令人头痛的时候,由他们出手来解决急难问题。

旅客们经常发出"十个航班九延误"的叹息。为攻克航班延误这一

"王新党员工作室"成立"航班正常性党员突击队"

"王新党员工作室"发挥着先锋示范作用

顽疾，2015年"王新党员工作室"牵头党员业务骨干组建了"航班正常性党员突击队"，为公司航班正常性工作带来了新的思路。

"王新党员工作室"领衔人是王新，他在所在支部书记、运控部总经理赵鑫的指导下，工作主动有效。后来王新岗位调动了，"党员工作室"的品牌却不变。没有王新的"王新党员工作室"依然发挥着先锋示范作用。

"佳人党员工作室"成员详细地向旅客介绍
氧气面罩使用方法

"培兰党员工作室"成员参加首届长三角亲子嘉年华活动

"山兰党员工作室"坚持和谐动迁，确保群众权益

第四节 "洛郎样本"是怎样产生的？

2021 年，国务院扶贫办公布了全国精准扶贫 50 个优秀案例，均瑶集团选送的《小板栗坐上大飞机》入选。

吉祥航空每天从上海飞往国内外的航班上，一款名为"哆吉栗"的开袋即食栗子让乘客吃得嘴里心里都甜。不止是因为那甜糯的味道，更因为每一口之外的意义——这是来自贵州省黔西南布依族苗族自治州望谟县洛郎村的"扶贫栗"。深藏贵州大山里的板栗，是如何有机会插上翅膀飞上蓝天，成为均瑶集团旗下吉祥航空的航机食品？

一、真抓实干，精准把脉找病根

这一切都缘于"精准扶贫"的国家战略。自脱贫攻坚战打响以来，一直积极践行着企业社会责任的均瑶集团董事长王均金，感受到了一种新的召唤。公司专门成立了"均瑶集团精准扶贫行动领导小组"，他亲自担任组长，我任常务副组长，各个业务单元负责人担任副组长。随后时间里，精准扶贫行动领导小组成员，把创业时的干劲都拿了出来，先后 20 多次，近 200 多人次，深入贵州大山深处开展精准扶贫的走访、调研，并通过电话会议、邮件、微信等方式，寻找精准帮扶的脉搏。

洛郎村位于望谟县平洞街道南部，辖 5 个村民组 7 个自然寨，有"三多三少"的特点：布依族人口多、山地多，建档立卡贫困户多；耕地少、农民收入少、当地资金少。考察中我也惊喜地发现，20 世纪 90 年代前作为村民主要收入来源的当地特色板栗口感好、含钾高、有

深入望谟农户何兴平家中进行扶贫调研

形成产业规模的潜质。只是由于近十几年来人工成本的上升、生产资料的上涨，又无产业链支撑，种出的板栗没有经过加工和包装，不易远程运输和储藏，使得农户好不容易种出来的板栗只能拿到市场"贱卖"，最便宜的时候1斤还不到1元钱。如此一来，产生了"恶性循环"，农户失去了管理山林板栗树的动力，随其"自生自灭"，曾经辉煌的板栗呈现出"单产低、价格低、效益低"的"三低"现象。综合"诊断"后，确定了在洛郎村以建设"望谟县万亩板栗高产示范园"为抓手，以此来帮扶当地村民脱贫致富。

我们对症下药，解决了就业、苗木、技术、基础设施等几大问题。进入攻坚之战：销路。

均瑶集团帮扶的"望谟县万亩板栗高产示范园"

二、真金白银，小板栗坐上大飞机

示范园的基础设施健全了，贫困户的脱贫意愿被激活了，板栗的产量和质量提高了，板栗运输加工的问题解决了，但终究还是要迎接市场的考验。光秀食品公司是当地的"龙头"企业，承担了望谟板栗收购加工的职责，其开发的"哆吉栗"板栗食品，由于受制于市场营销以及品牌影响力的掣肘，销售一直上不去。这时，均瑶集团精准扶贫走出了更加有力的一步棋：结合自身的产业特点与优势，利用旗下吉祥航空的有利条件，帮助光秀公司通过了民航总局航空食品审批，开发板栗成为航机食品。15克装的即食板栗，外包装印上了"脱贫攻坚国家计划，均瑶集团帮扶项目"的公益广告，搭乘吉祥航空每日几百个航班，既是数万乘客的美食，更加重要的是为板栗打响了品牌，扩大了销路，实现了板栗飞出大山的梦想。

吉祥航空每年几千万的旅客吞吐量，旅客们不仅能在飞机上品尝到"哆吉栗"，而且下了飞机后，还能在包装袋上扫码购买"哆吉栗"，这一举措帮助光秀公司叩开了电商销售大门。销路打开了后，光秀公司收购价也由原来的 1 元/斤提升到 3.5 元/斤，以保护价敞开收购板栗，如此不仅确保了贫困户的增收，更是激发了他们种植板栗的积极性。

小板栗飞上蓝天，打开了村民脱贫致富主渠道。

多年的扶贫经验告诉我们，扶贫不仅需要资金，更是要用心＋用情＋用脑，并在实施中持之以恒、持久创新，要从输血模式逐渐形成造血模式，让贫困户形成内生性增长，可持续发展。

黔西南布依族苗族自治州委常委、统战部长罗春红多年来一直精心指导我们的工作，她送给我们最高的"口碑"：真心实意、真抓实干、真金白银。

回过头来总结 3 年多的扶贫工作，"洛郎样本"就是生产过程中管理规范的场景示范。这一点均瑶集团是具备优势的。我在望谟推广了"四方协议"多个工作本。"四方协议"的作用就是政府、村委会、立卡户、均瑶在工资、资金、考勤、农资发放等共同行动的约束协议，确保了资金流转过程的合规合法和互相监督。协议执行以来，上千万元款项周转来往，没有出过一分钱的差错，也极少发生工作落实不到位的现象。

三、真心实意，驻点干部倾全力

均瑶扶贫小组干部徐建军是江西上饶人，自从来上海工作定居后，回老家探望屈指可数。他奔赴大山深处 20 多次。即使人不在望谟，心留在望谟。

徐建军就让管理员每天带人上山干活的时候，拍照或者拍小视频发到群里，以便进行远程指导。有一次，管理员黄巢通过微信发来一张树叶，树叶上有一只怪怪的小虫。徐建军马上警觉起来，立即让黄巢将新情况向林业部门报告。由于反映及时，林业部门迅速针对性采取了防治虫害的措施，高产示范园幸免了一场突如其来的巨大灾害。因为有管理员黄巢的及时发现，加上专家的准确诊断，将重大虫灾的苗头扼杀在摇篮中，才挽救了万亩板栗示范园里的林木，保住了村民的劳动成果。而同时出现在临近乡镇的此种害虫，却因未能及时发现，受灾严重，两天以内就被害虫吃光了树叶，几乎颗粒无收。

四、扶贫育人，支部建在园区里

"洛郎样本"只是一个村的开始。我们在 2020 年 10 月，已经将教育的帮扶在全县教育系统复制，县教委推荐的 17 所学校分别获得"均瑶奖教基金"的资助。

"洛郎样本"的内涵包括了就业帮扶、技术帮扶、管理帮扶、教育帮扶、党建帮扶。2020 年，我们在万亩板栗示范园区建立了临时党支部。第一次支部会议，由我主持召开。我把党员小分队比喻成"火种"，期待他们在扶贫工作中有更大作为。80 后管理员黄巢原本在城里一家酒吧当服务员，我们进驻的时候，他回乡带头种板栗，并自愿加入了我们聘用的第一批园区管理员。黄巢预备党员在支部会议上转正时，我们都见证了望谟青年人的成长。次年，黄巢"升职"成了洛郎村村委会副主任。我 2023 年底再次到洛郎村的时候，黄巢已经是洛郎村支部书记。前任杨书记在一旁说："我们传帮带一段时间，现在放手让黄巢干！"

退伍军人杨昌能，在园区临时支部续上了组织关系。当初自称"有劲无处使"的杨昌能一口气种植了 50 多亩板栗。面对硕果累累的板栗

万亩板栗示范园区建立了临时党支部

园，杨昌能逢人就说：我现在只能用笑声来回答！

第五节　我眼中的支部书记们

　　二十载春秋更迭，我有幸见证过无数党员的风采，曾和许许多多的支部书记们以党为旗、以责为舵，并肩奋战在均瑶集团这块热土。

　　这些支部书记，他们没有惊天动地的壮举，但他们在平凡的岗位上，以实际行动诠释着党员的责任与担当。我与他们共同经历了太多的风风雨雨。他们的故事，同样是我记忆中宝贵的财富。

我希望通过自己的回忆，让更多人了解这些默默无闻的英雄，感受他们身上散发出的党性光辉。

记下他们，不仅是对他们个人成就的颂扬，更是对我们共同奋斗岁月的深情回顾。在未来的日子里，我一定还会时常再想起那些难忘的身影！

赵鑫："王新党员工作室"领导者

在均瑶所有的支部书记中，吉祥航空运控部党总支书记赵鑫给我留下了一个很特殊的印象，不仅是他拥有一副健美运动员身材，更因为是王新的领导，是行政和党组织的双重领导。他负责的运控部，是航空公司的"头脑"。所以，他不仅是"王新党员工作室"的领导，更是航班延误问题的克星。

王新调岗离开之后，我曾经问过赵鑫，按照常规，这个党员工作室的领衔人换了，名称也该换了，你为什么没有换？

他说，因为他觉得"王新党员工作室"并非一个个人行为，名字换掉反倒给人感觉好像有点怪怪的，让人怀疑是不是人一走，党员工作室的特点就变了。所以，保留"王新"，不仅是一个名字的传承，更是团队精神和品牌价值的体现，有点类似"雷锋班"的那种形式。

因此，王新离开后，赵鑫又接过了"王新党员工作室"这面旗帜。他坚守岗位，引领工作室的成员，继续坚守与发扬支部工作的精神内核。

"王新党员工作室"之所以做得很成功，正是由于赵鑫前期就挑选了一批业务骨干党员加入。这些人非常认同党组织。虽然一开始对于"党员工作室"与支部的定位及职责有些模糊，但通过摸索与实践，大家逐渐就明确了方向。

在运行控制方面，工作室成员发挥了重要作用。他们团结一致，攻坚克难，用专业和投入确保了航班准点率。此外，工作室还通过麦田计划等公益活动，增强了团队的凝聚力和正向影响力。

随着"王新党员工作室"的逐步发展，品牌影响力日益增强，成员们的成就感也随之提升，从而被进一步激发了工作热情，提高了工作效率。

擅长团队管理的赵鑫认为，用好人才的关键在于"走心"。他一直相信，能力不足尚可培养，但人的品质与团队精神是最不可或缺的。他在团队营造了一种家人般的氛围。大家相互信任、相互支持，共同面对挑战。

如今，党员们在他的带领下，依旧保持着很高的航班正常率，延续着"麦田计划"，用实际行动诠释着"人走茶不凉，品牌永流传"的深刻内涵。

宋钏：标准化建设的践行者

谈及标准化建设，吉祥航空工程综合二支部书记宋钏的名字便不由自主地跃入我的脑中。

宋钏外表羞涩的样子，常常让我联想起梁朝伟的眼神。我们共同见证了支部从雏形到标准化的成长历程。我也给他提过一些意见建议，包括如何吸引年轻党员参与党建活动。由此，支部创新性地以工程部维修工程人员为基础，成立党支部，打破了处室壁垒，促进了业务交流与融合，实现了党建引领业务发展的目标。

在宋钊担任党支部书记的十几年里，他的支部在吉祥航空和均瑶集团中简直就是"学霸"级的存在！无论是内部评比还是集团表彰，他们总能以近乎完美的姿态脱颖而出，拔得头筹，成为大家学习的典范，令人不禁好奇：他们究竟是如何做到的？

宋钊带领支部紧紧跟着支部建设条例和《均瑶集团党建工作标准手册》的步伐，特别是"三会一课"制度，他们不仅照做，还不断打磨优化。集团党委一有号召，他们立马响应，比如近期完成的会议室党建宣传布置，就是高度执行力和创新能力的体现。

开会他们不走过场，而是更重内容实质与深度，围绕国家及国际时事设置议题，党员们围坐一起来聊，思想碰撞，火花四溅。他们还有一套标准化的档案系统，让党建工作既全面又规范。

党建活动更是他们的拿手好戏，传统项目玩出新花样，比如"毛泽东诗词赏析"活动，还有组织集团各支部代表去南京渡江战役胜利纪念馆的研学之旅。党员们热情高涨，参与度满分。同时，他们还得到了公司党委和工程党委的双重指导，推动了党建工作与业务发展的深度融合。

不仅如此，他们还爱"交朋友"，积极与其他支部开展党建联建活动，包括公司和航空业内外，如与商飞、商发等企业的支部建立联系，通过协同党建共同学习、进步，形成了独具特色的标准化党建模式。

或许，宋钊书记的支部之所以能在标准化建设上一直领跑，甚至成为标杆，秘诀就在于高效负责的团队，还有那些让人眼前一亮的党建创新，以及党建和业务的深度融合。他们对细节的追求，对标准的坚守，不仅让自家支部蒸蒸日上，也为其他支部提供了有益的借鉴与参考。

吴俊华：情系一线的小家长

配餐部的党支部书记吴俊华，是一位帅气的小伙子。他说，在支部刚建那时候，我不仅在精神上给他们打气，还在物质上提供了大力支持，如特批资金用于"六有"阵地建设等，对他们来说如同雪中送炭。但在我看来，吴俊华组织能力一流，眼光独到，这才能带着配餐支部一路开挂，成了一个效率高、氛围好、战斗力强的基层党组织。

管理一家远离总部的独立餐饮子公司，挑战很大。吴俊华面对的问题是公司人员分散、一线员工众多。为此，他巧妙地构建了支部架构，确保了党建工作的有效覆盖。

配餐部的工作主要分为三大模块：航空食品、客舱保洁（含清水及污水排放、垃圾处理）以及员工餐厅管理，涵盖了吉祥航空内外多个餐饮及清洁服务点。

为了应对人员分散的难题，吴俊华把党员分为两个党小组，一线保障部门和办公室职能部门各一个，这样党建工作就能做得更细、更到位了。

在一线部门，吴俊华特别看重党员的带头作用，时刻关注员工的思想动态和情绪变化，一有问题就马上解决，确保航班保障工作顺顺当当。他坚持"宁可做恶人，也不能做罪人"的原则，高度重视安全生产，通过多渠道倾听员工心声，及时提供帮助与支持。

吴俊华还特别爱跟同事聊天，主动了解一线员工的困难和需求，想办法帮助他们。职能部门的党员也是积极参与，为员工提供政策、福利及其他方面的关心与帮助，由此形成了良好的服务机制。

组织生活方面，吴俊华一丝不苟，严格遵循"三会一课"，让组织生活既规范又严肃。他还请来党校老师给基层党员上课，鼓励支部党员去别的支部交流学习，不断提升他们的政治素养和业务能力。

在支部建设上，吴俊华也是紧跟潮流。他拿着有限的经费，通过联合会议、公众号这些渠道，把党建宣传做得风生水起。他还主持、参与了好几个公众号的运营，如针对产品服务的"花吉食"与针对党工团工作的"凿饮耕食"，定期发布推文。

就这样，党建文化传播和团队建设被他风风火火地搞了起来。

邵琼：支部活力的点燃者

在集团总部职能部门党支部书记邵琼这里，我则看到了支部工作的另一种风貌。

邵琼个高且长相俊秀，通常不穿高跟鞋，走路带风。她服务均瑶集团已有20多年。虽然之前不是党员，但她一直是以党员的高标准在要求自己。为此我特意找她谈过几次心，真心觉得她还是应该正式加入党组织这个大家庭，这样才能学到更多，接触到

更多志同道合的伙伴。

于是，经过两年党的理论知识和实践的熏陶，邵琼在 2016 年成了一位"新"的支部书记。她一上任，便以满腔的热情和卓越的策划能力，迅速激活了支部的每一个细胞。在她的牵头下，支部活动丰富多彩，氛围活跃，仿佛春风拂过沉寂的湖面，激起了阵阵涟漪。

邵琼深知，支部的活力源自每一位成员的热情参与和共同创造。她组织的活动主要包括两方面：一是与外部企业开展支党共建活动，如与爱尔眼科的合作，不仅强化了党建交流，还促进了业务上的相互支持，连员工的眼科健康都照顾到了；二是内部党支部间的互动，如与均瑶健康党支部联合举办的古琴馆参观学习活动，旨在增强文化自信，提升党员的文化素养。

邵琼的活动策划能力强，其实得益于她长期从事人力资源及行政管理的职业背景。比如她把人力资源培训中的互动元素巧妙融入到党建活动中，穿插进小游戏，用趣味图片展示党建关键词等方式，把各种活动办得既有趣又有教育意义，党员们都很喜欢，记忆也深刻。

邵琼说，持续学习为她的支部工作带来了新思路，不仅丰富了党建活动内容，也提升了工作效率与影响力。例如，她鼓励下属的小姐妹利用漫画形式普及档案管理知识，在《均瑶新闻》上设专栏持续刊出。

身为"新"书记的她为支部搭建起了一个展示自我、实现价值的舞台，让业务和党建紧密融合，手拉手共同发展。

第六节　挥斥方遒的"她们"

"挥斥方遒"是热情奔放、劲头十足的意思。在均瑶集团党委办公室就有这样一班人。在均瑶集团党委的管理结构中，集团党委直接联系着9家二级党委和众多的支部书记，党管组织建设、党管品牌建设、党管宣传队伍，凡是党校的、党员工作室一边提供工作指南并定期考核，一边指导、督促着6个媒体分社的写手供发稿件，一边严格审核十几家主要公司的品牌运营标准规范——她们挥洒着青春与热情，认真敬业地承担着党委工作运行中的诸多细致而重要的工作。

我愿用眼睛捕捉他们一个个动人的瞬间，不仅是为了铭记她们的辛勤付出，更是为了传递她们那种敬岗爱业、勤勉聪慧的职业精神。囿于篇幅，这里选择其中较有代表性的三位年轻的同事，记录她们各自在岗位上的发光时刻。

林为华：年终考核的"刺头"

"林为华坐在办公桌前，桌上堆满了各类材料文件，电话听筒不时地被她拿起，她嗓子都哑了。"这是一个职工娱乐节目中呈现的一个镜头：打一个工作场景。

"年终考核！"节目现场常常发出一阵会心的笑声。

林为华是党办副主任、党委组织工作部主任。每到年底，就是她最忙碌的时候。由于实行了党建工作标准化，年底是"收网"的季节。"忙"是她的常态，集团下面有9家二级党委2 000多个党员，"党工团"组织都由她对接，按照标准要在一周之内将几百个数据源核对形成任务完成清单，提交上级考评，作为表彰的主要依据。

所以，节点一到，她怎么可能不紧张？但此时，她觉得"忙"还不是最关键的，最关键的是如何成功地挑出"毛病"，这才是她个人作用和价值的体现。

对二级党委的年度考核，是对集团党组织的凝聚力和执行力的全面考量。考核不仅关乎个人荣誉，更会直接影响到团队的士气与各级党委未来的发展方向。这项任务不仅事关重大，而且具体工作细致繁杂，极富挑战性。

集团下属的各党委办公室当事人的能力参差不齐。有的是刚成立党委的公司，基础薄弱。而像吉祥航空、爱建集团那样基础工作扎实的二级党委，熟悉工作流程，配合默契。

在自评前，各单位都需要提交相关材料，并对自己打的分数给出充分的理由及佐证。而和那些新成立、党建业务还不太熟悉的人员打交道，逐项指导他们，是林为华的重要工作。即使他们终于提交了材料，林为华也得仔细审查，更新其中的不足。每每开启"刺头"模式，极力在大量佐证中寻找薄弱点，好像一只刺猬，鼓起了全身的刺投入"战斗"。

沟通完之后，她又接着打了另一个电话，"质问"一家二级党委："我看到有一项，你们给自己打了满分 10 分，请问理由是什么？还有新的佐证可以补充吗？另外我发现你们还有一项工作只完成了一半，所以分数需要下调 2.5 分，如果你们觉得不能接受，可以找领导申诉……"

此时桌上的手机振动起来。林为华扫了一眼，来不及分心回答微信上好奇的询问。

集团党委设定的考核项目，是党委实施党建标准化中建章立制的"最后一关"。林为华既要审阅手中的材料，又要结合阶段性的调研，将考核工作分为好几道程序，日常工作分为组织工作和活动结果，还有加分项和扣分项，6 大项 40 小项，十分周密。使得大家对考核结果心服口服，整个过程竞争非常激烈，大家都很努力，并没有永远的冠军和最后一名。

每年，林为华还会结合企业的战略和党委的要求，在原有固定项目的基础上，对考核表的内容不断翻新，进行一些细微的调整和增减。比如，如果某项主题教育已经落实完成，那么过时的内容就不会再体现在当年的考核内容里，而关于二十届三中全会的学习或党委提出的新内容等却可以入选。

王晓颖：媒体社矩阵的"施工员"

"今年将是均瑶集团全面的国际化、绿色化、科技化、生态化的一年！"2024年1月19日的集团年会上，董事长王均金激情演讲带动了全场气氛。

第二天，这段视频和文字就被媒体与采编主任王晓颖火速发布到了集团"总社"的官方媒介上。作为重要新闻一级稿，分派媒体分社限期发布。这种一个稿件多家分社"齐发"的安排，是均瑶集团媒体社的主要功能，加强了企业宣传的力度和广度，将一家重要的民营企业的文化建设传播到社会上，传播到职工中，形成时代的声音和企业的凝聚力。

把每年年会相关的新闻报道发布在各个平台上，引起了诸多反响。在这一切的背后，都是通过"施工员"王晓颖的辛勤付出，使企业媒体社发挥了"为改革呐喊，为均瑶立言"的作用。

以前，晓颖也干过杂志社的工作。加入均瑶后，发挥了这方面的长

处。参与起草集团的重要文稿。在纸媒时代，她主要的工作是组稿，接到重点宣传任务的时候，需要自己动手撰写稿件。自从数字媒体时代来临尤其是设立媒体社后，她的主要工作是业务指导和"派活"。显然"地位"更加重要了，但晓颖总是笑嘻嘻的，很多与她工作对接的同事，都喜欢与晓颖来往，并愉快地接受任务"派工"。晓颖以个人魅力和严谨的工作作风，在集团较大的宣传网络上得心应手的工作，是媒体社优秀的"施工员"。

工作中我曾给过她许多指导和建议。晓颖悟性极高，并且谦虚好学，业务进步很快，在媒体数字化时代，企业必须发出正能量的声音，从事这方面的工作完全靠自己用心。媒体社像晓颖这样的年轻人很多，他们在晓颖的示范下，宣传工作严谨严格。媒体社在不增加编制的前提下，"无中生有"形成宣传闭环，带出来一支学习型的宣传队伍。

在王晓颖的努力下，按照媒体社的规章，把集团官方公众号做得风生水起。

目前总部自己的公众号"均瑶集团"粉丝数已破2万。公众号塑造出了一个"又红又专"的企业形象，在网络上持续传递着各种正能量，俨然成为了宣传企业文化的重要阵地，记录集团发展历程的"百科全书"。集团上下大大小小的事件，以及相关的丰富细节和生动瞬间，都能在其中目睹。

当然，这些是初步的。对照集团雄心勃勃要构建起包含多个媒体平台和账号的传播矩阵的目标，还需通过人才培养和组织优化，才会提升传播效果。

姚远：幽默的"段子手"

大约在2016年，品牌经理姚远刚入职不久，就给许多人留下了极深的印象。

彼时，姚远以公司"新人"的姿态，独自策划并主持了一场品牌论坛。刚定下第二天举办，领导就安排她在论坛中发言。可是她对公司的业务还不是特别了解，而且时间仓促，连资料都来不及查。

她就像一位被临时推上台的演员，没剧本，没台词，只有一束追光灯无情地照在头顶。然而谁也没有想到，姚远竟然做到了"不鸣则已，一鸣惊人"。引发了大家的共鸣。她的"段子手"外号就是这么得来的。

那时集团各个产业的品牌基础都非常薄弱，急需总部层面的支持和输出。可以说一穷二白，一切都要从零开始。例如吉祥航空，当时尽管已经是集团旗下最大的公司，但在品牌建设方面却刚刚起步。品牌部门挂靠在市场部门下，导致决策和流程不够顺畅，姚远谓之"肠梗阻"。

为了扩大品牌队伍并形成专管格局，她积极并努力的落实"升级爆改"，强化了品牌战略化和系统化思考，起草了《均瑶集团品牌管理办法》，以实现品牌工作的规范化管理。各产业公司纷纷设立了专管品牌的部门，配置专业人员，提升了品牌意识和市场竞争力。

姚远深知品牌管理的重要性和复杂性。为了加强品牌横向沟通，她参与组织了品牌论坛，善于跟同事交往，使繁复的工作变得的不亦乐乎。

结果是，必须迅速响应的舆情，能够明确何时发生何种情况，以及

产业公司应如何处理，建立了专业人员队伍和明确流程，吉祥航空、九元航空等业务的舆情处理已经相对顺畅，遇到无法解决的问题会及时报告集团，姚远也会有自己的预估。

姚远，继续努力吧！

附录一
均瑶集团 20 年党建大事记

1. 2004 年 1 月 17 日，中共均瑶集团有限公司委员会（以下简称"均瑶集团党委"）成为中共上海市社会工作委员会批准成立的第一家民企党委。

2. 2004 年 6 月 1 日，均瑶集团党委在上海均瑶国际广场举行隆重的成立大会。董事长王均瑶代表集团董事局向党委书记陈理赠送了一座象征"把握前进方向，成为坚强的政治保证"的金色舵轮。新华社电文称：中国私营企业成立了"级别"最高的党委。

3. 2005 年 4 月 18 日，中共中央统战部副部长、全国工商联党组书记、第一副主席胡德平和全国工商联副主席程路在沪举办了解读《国务院关于鼓励支持和引导个体私营等非公有制经济发展的若干意见》（俗称"非公经济 36 条"）系列政策报告会以后，专门考察了均瑶集团，并为"百年老店"揭牌。

4. 2006 年 12 月 26 日，中央委员、全国人大常委会委员、国务院发展研究中心党组书记、中央巡回检查组组长张玉台一行来均瑶集团检查党员先进性教育开展情况。市社工委领导许德明、施南昌、杨建荣等，董事长王均金、党委书记陈理等参加情况汇报。

5. 2007 年 9 月 25 日，在吉祥航空开航一周年之际，吉祥航空党委成立，均瑶集团党委书记陈理兼吉祥航空党委书记。

6. 2007 年 11 月 20 日，中共武汉均瑶房地产开发有限公司委员会成立，开启了集团异地党组织由均瑶集团党委批准建立、当地组织部门分管的"双重管理"的大党建新格局。

7. 2008 年 3 月 28 日，均瑶集团党委在集团总部召开学习贯彻全国"两会"精神报告会，邀请首次成为全国政协委员的均瑶集团董事长王均金现场传达"两会"精神。

8. 2008 年 6 月 29 日，在中国浦东干部学院举行了中国浦东干部学院（均瑶）现场教学点授牌仪式，同时，授予均瑶集团副董事长王均豪、党委书记陈理、CEO 黄辉特聘教师职务。

9. 2009 年 10 月 20 日，全国政协副主席、中央统战部部长杜青林在上海对非公有制经济组织党建工作和统战工作进行调研，在均瑶集团听取了党委书记陈理关于均瑶党建的汇报。

10. 2010 年 4 月 20 日，均瑶集团成为中国 2010 年上海世界博览会全球赞助商，特许产品进入世博园，并在世博园区成立临时党支部。

11. 2011 年 1 月 10 日，上海市社会工作党委召开"世博先锋行动"表彰大会，均瑶集团党委荣获"服务世博贡献奖"、3 个党支部荣获"世博先进党支部"、12 名党员荣获"服务世博先进个人"。

12. 2011 年 6 月 28 日，中共均瑶集团有限公司第一次党员代表大会在上海均瑶国际广场举行，选举产生第二届党委班子和纪委班子。

13. 2011 年 9 月 15 日，均瑶集团党委荣膺全国非公有制企业"双强百佳党组织"称号。

14. 2012 年 4 月 27 日，均瑶集团党委班子一行人赴江苏红豆集团党委交流学习党建工作，沪苏非公企业党建示范点面对面进行了深入探讨。

15. 2013 年 1 月 19 日，均瑶集团暨吉祥航空首届一次职工代表大会隆重召开，200 余名职工代表出席会议。均瑶集团、吉祥航空分别签署了 2013 年度集体合同和女职工特殊利益专项集体合同。

16. 2014 年 9 月，均瑶集团党委在基层党组织中创建"党员工作室"，将党的工作延伸到工作最前沿，打造党员学习、服务、成长的新平台。现已成立 49 家党员工作室，在集团内实现"全覆盖"。

17. 2014 年 10 月 18 日，均瑶集团（上海）首届职工运动会圆满落幕，是集团成立 23 年来举行的第一次全员参与的体育盛会。

18. 2015 年 12 月 12 日，中共上海华瑞银行股份有限公司委员会在上海环球金融中心成立，率先在全国首批五家民营银行中建立党组织。

19. 2016 年 7 月 29 日，爱建集团管理关系调整宣布会在爱建金融大厦召开，会上宣布爱建集团党组织关系从上海市金融工作党委调整至均瑶集团党委。

20. 2016 年 10 月 9 日，中共九元航空有限公司委员会在广州市白云区人和镇九元航空业务楼成立，均瑶集团党委书记陈理与白云区区委常委、组织部长张建如出席并讲话。

21. 2016 年 11 月，在中央统战部见证下，均瑶集团与贵州省望谟县平洞街道洛郎村签署了"村企结对帮扶协议书"。精准扶贫延续到 2020 年 11 月。在望谟建设了万亩板栗高产示范园，带动 215 户 877 人（其中 144 户 656 人建档立卡贫困户），解决 300 人就业。在全县 15 个乡镇 17 所学校推进"均瑶育人奖"。创立的"洛郎样本"成为全国工商联扶贫案例。

22. 2017 年 6 月，均瑶集团党委在多年实践基础上提炼出具有均瑶特色的"均瑶党建工作法"，归纳出"一引领、二服务、三满意、四结合、五纳入"，成为民营企业党建工作的方法论和新机制。

23. 2018 年 6 月 22 日，中共均瑶集团有限公司第二次党员代表大会在上海均瑶国际广场召开，选举产生第三届党委班子和纪委班子。

24. 2018 年 12 月 5 日，设立均瑶集团首席品牌官制度。迄今，共聘任 14 位集团首席品牌官、23 位集团品牌官。

25. 2019 年 1 月，上海市"两新"组织管理结构调整，均瑶集团党组织关系由中共上海市社会工作委员会属地化划归到中共上海市徐汇区枫林街道工作委员会。

26. 2019 年 5 月，均瑶集团党委建立"均瑶党建实训学校"，以案例教学、互为师生、身边人讲身边事为教学特色，按全新教学方式完成了所有党支部干部轮训。次年，6 家二级党委成立了分校，党委书记担任分校校长。党建论文"均瑶党建实训学校的实践与思考"获上海市党建研究会课题优秀成果三等奖。

27. 2019 年 10 月，均瑶集团党委推出"党员认领项目"清单，发挥"一名党员一面旗帜"作用。现已推出 100 余个"党员认领项目"，回应党员群众日常需求。

28. 2019 年 12 月 24 日，均瑶国际广场"同舟汇"党群服务站举行开业仪式，标志着均瑶集团由企业党建向楼宇党建拓展，由企业党建向区域党建枢纽迈进。迄今，同舟汇已开展百余场活动、4 000 多人参与，发挥区域"会客厅"作用。

29. 2020 年 1 月，新冠疫情来袭时，均瑶集团党委动员全员积极参与全球采购医疗用品，逆飞运输抗疫物资和医务人员。集团共采购并捐赠超过 100 万件防疫抗疫物资，免费承运抗疫物资超过 300 多万件。

30. 2020 年 6 月 28 日，中共上海均瑶世外教育科技（集团）有限责任公司委员会在吉祥航空业务楼成立，成为均瑶集团党委下属的第

7 家二级党委。

31. 2020 年 9 月 4 日，均瑶集团成为上海市浙江商会党建联席会轮值理事长单位，均瑶集团党委相继走访交流 30 余家商会企业，带动商会 150 家党组织破解党建工作难题。党建课题报告"'红色引力波'三道涟漪驱动长三角非公经济党建一体化高质量发展"获上海市党的建设研究会 2020 年度优秀论文。

32. 2021 年 6 月 25 日，在均瑶集团总部召开均瑶集团庆祝中国共产党成立 100 周年大会，上海市委统战部副部长、市工商联党组书记黄国平，徐汇区委常委、组织部长刘琪，徐汇区枫林街道党工委书记陈永坚，徐汇区委统战部副部长、区工商联党组书记汤鸿等领导出席会议。会上，党委书记陈理作了均瑶党建工作报告，发布了《均瑶集团党建工作标准手册》，举行了颁奖仪式，均瑶集团党委荣获"上海市先进基层党组织""全国非公企业党组织发挥实质作用最佳实践奖""上海市初心使命担当党建引领民营经济发展优秀案例"。

33. 2021 年 6 月，均瑶集团党委历时 15 年编撰完成《均瑶集团党建工作标准手册》，精心设计"三图"（公司管理架构图、党组织工作图、年度重点项目推进图），"一册三图"为党组织建设提供了坚实的制度保障。党建论文《"两新"组织党建工作标准化研究——以〈均瑶集团党建工作标准手册〉第三版正式发布施行为例》获上海市党的建设研究会课题优秀成果二等奖。

34. 2021 年 6 月 16 日，中共湖北均瑶大健康饮品股份有限公司委员会在均瑶国际广场成立，成为均瑶集团党委下属的第 8 家二级党委。

35. 2022 年 8 月 3 日，股东会通过，将党组织任务和建设企业先进文化写入上海均瑶（集团）有限公司章程，在公司治理层面明确了党组织"政治引领、党管干部、从严治党"的主体责任。迄今，规模较大的子公司均已修改完善了公司章程，在公司治理中突出党组织的地位。

36．2022年11月25日，成立均瑶集团媒体社联盟。迄今，已建立起各媒体分社的纵向发展链条，呈现出集团化、矩阵式的群体合力。集团"旗舰"型全媒体平台初具模型，以"两微一端多账号"为特征的均瑶集团媒体社全网粉丝总量超过1 159万。

37．2023年9月9日，中央委员、中央社会工作部部长吴汉圣带队调研均瑶集团，均瑶集团党建工作发挥实质性作用受到肯定。上海市委常委、组织部长张为，上海市委组织部副部长、市社会工作党委书记孙甘霖等市委组织部、徐汇区委组织部领导陪同调研。

38．2023年12月29日，中共上海吉祥智驱新能源汽车有限公司委员会在上海成立，成为均瑶集团党委下属的第9家二级党委。均瑶集团一级、二级、三级党委共达到15个。

39．2023年10月—2024年1月，均瑶集团第二批主题教育圆满收官。集团各级党委共开展了近百次主题教育活动，两千多名党员参与。发挥"一个支部一件实事""一个工作室一件实事"的实质作用，以实干助推企业发展。

附录二
均瑶党建纪录片解说词

呈现一部均瑶党建纪录片的解说词，从中可以窥见基层党建的脚步声。

这一刻　相信成长的力量

这一刻　理解光荣的真意

那是均瑶 20 年党建发展的征程

这一刻　萌动

改革开放的春风

在民营经济的土壤

播撒下无数红色的种子

一个"敢为天下先"的商业传奇

因此 被注入了不一样的成长力量

王均瑶先生以一片赤诚

"让自己的企业成为中国共产党的试验田"

向下扎根　向上破土

这是理想萌芽的一刻

从此

均瑶以民营企业党建扛旗者的姿态

开启了一幅崭新的时代画卷

董事长王均金深刻体会"有没有党组织确实不一样!"

把党组织纳入企业治理结构

实现了党建工作制度化的"五纳入"

均瑶集团更提出了打造"百年老店"的企业使命

这一刻　绽放

2007 年

在吉祥航空开航一周年之际

吉祥航空党委成立

含苞初放　飞九霄

这是梦想起飞的一刻

当一架架客机翱翔于蓝天之上

均瑶集团真正进入了飞速发展的新时期

集团先后收购

武汉地产　大东方　世外中小学等一系列优质资产

业务板块不断扩展

集团党委探索属资属地"异地双重管理模式"

匹配企业转型发展的需要

持续发挥政治引领作用

同时

伴随企业与员工的成长

党建工作深入推进

引领企业先进文化建设

"我与均瑶共成长"

"我为均瑶献一言"

一系列丰富多样的主题活动

不断让企业的核心价值观深入员工内心

增强企业凝聚力　战斗力

这一刻　茁壮

响应上海建设国际金融中心的战略

2015 年 5 月 23 日

上海华瑞银行正式开业

同年　华瑞银行党委成立

12 月，均瑶集团成为爱建集团大股东

打响国有企业混改"第一枪"

融入时代鼓点

向新经济领域延展

这是蓬勃茁壮的一刻

作为市属企业

爱建党委融入均瑶党委的过程

突破体制羁绊

守正创新

提供了国企转制民企党建工作的示范样本

企业发展不断迈向更广阔的领域

集团党建工作成果也纷纷涌现

提出"均瑶党建工作法"

编制"一册三图"

设立党员工作室

开展党员认领项目

开办均瑶党建实训学校

实现理念上　制度上　方法上的全链条衔接

把党建政治优势转化为均瑶的文化优势　发展优势

这一刻　芬芳

从最初的在册党员 101 人

到如今

党（总）支部 125 个

党员 2 700 人，占员工总数 14%

均瑶党员队伍人数不断扩大

在"把党员发展成骨干，把骨干发展成党员"的坚持中

150 余名党员成长为企业中高层管理骨干

企业员工多次荣获国家级劳动模范表彰

总裁王均豪成为一名光荣的中国共产党党员

均瑶集团荣获"全国非公有制企业双强百佳党组织"

"上海市先进基层党组织"

繁花怒放　香飘万里

这是分享共赢的一刻

这一刻　成长

均瑶集团党委成立 20 年

硕果累累　成就斐然

这是创造社会价值的一刻

董事长王均金

始终"听党话　跟党走"

将党建写入公司章程

增加"加强党建工作两条六款"

在公司顶层设计上确定党管干部、主体政治责任等职责

规模较大的子公司也都修改完善了公司章程

以党的号召全面指引企业发展的目标

集团创始人三兄弟

先后获得

"优秀中国特色社会主义事业建设者"的光荣称号

这一刻　我们共成长

均瑶集团

一个民营经济党建的鲜活样本

正在百年老店的征途上

持续成长！

▌后　记

　　就在本书即将付梓的时候，均瑶集团党委完成了换届选举，王均豪同志当选为新一届党委书记。我衷心祝愿王均豪"班长"带领均瑶集团党委取得更大的成绩。

　　换届很圆满，我们借用了青松城的大礼堂，上海市工商联党组成员、副主席施登定同志和徐汇区委副书记沈权同志到会讲话，他们对均瑶集团党委的工作不吝赞美，同时也提出了很高的期望。枫林街道党工委书记苏小超同志在主席台就坐。

　　均瑶集团党委转隶到街道，没给街道少添麻烦，我们职工以及党员基数大，每年培育了很多青年入党积极分子，每年发展入党的名额街道全部拿出来也不够，要向徐汇区委组织部申请调集。

　　自从2019年1月转隶到徐汇区，区委组织部两任部长沈山洲同志、刘琪同志都对民营企业党建热心，上门指导。当年，均瑶集团党委牵头在上海图书馆举办了一场"两新"组织党建建章立制的座谈会，邀请了市、区这方面工作做得比较好的单位交流经验，并邀请了区委组织部领导出席指导。时任区委组织部部长沈山洲同志欣然到会并作了讲话。刘琪部长长期指导均瑶集团建立楼宇党建枢纽的目标。每年党建日均瑶集团开会表彰先进，刘琪同志多次参会并讲话，提出工作要求。均瑶集团建党100周年纪念会上，时任市委统战部副部长、上海市工商联党组书记黄国平同志前来参加活动，与刘琪部长一道为均瑶集团党建工作作出指导。刘琪部长还为我们发布《均瑶集团党建工作标准手册》。2019年1月19日，徐汇区委组织部副部长兼区社会工作党委书记孔缨同志在转隶宣布会结束后，带领我们几家转隶单位参观了徐汇区行政服务中心"一网通办"现场。徐汇区委组织部副部长兼区社会工作党委书记周晨蔚同志多次上门指导我们的党建工作，特别是在我们有重要的接待任务的时候，指导我们布置展厅，做到突出重点，落实细节。徐汇区社会工作党委副书记彭燕同志参加了均瑶集团党委2018年度干部民主生活会并做了点评。徐汇区滨江党群服务中心主任夏瑞接收并指导"同舟汇"党群服务站管理人员驻点实习。

2021年9月28日，徐汇区委党校与均瑶集团党委签约共建，在"均瑶党建实训学校"办学困难的时候，常务副校长雷振辉同志伸出援手。区委党校的王杉教授、王晓晨副教授、张旭东副教授，他们送课到基层，为主要业务公司作教学示范。不仅亲自授课，还指导均瑶党委品牌项目评优，区委党校是"均瑶党建实训学校"最宝贵的师资力量。

2022年1月19日，时任徐汇区委统战部副部长、区工商联党组书记汤鸿指导徐汇区民营企业总部党建联盟，推选均瑶集团担任理事长单位，推选我担任理事长，专注推进民营企业健康成长。徐汇区委常委、统战部部长秦丽萍多次参加理事会活动并提出工作要求。

2023年5月19日和6月19日，"党员工作室""均瑶党建实训学校"分别进行了优秀案例和优秀授课人评选，童强调研员、金煜纯总经理、张永航副书记、朱晨曦科长，田冰主编等同志担任点评导师，现场指导党建品牌阵地提升能级。

区域大党建期间我在枫林街道兼职，历经姚鹏程、谈琳、黄方波、习挺松等多位书记，深深感受到街道工作千头万绪、事无巨细、直达民生。尽管几位书记后来都荣调新的岗位，我们还是保持经常性互相问候。均瑶党委于2019年1月转隶枫林街道党工委后，从习挺松书记、王万金书记、陈永坚书记到苏小超书记，他们对均瑶集团党建工作特别用心。习挺松书记不久调任区委组织部领导岗位。王万金书记调研中提出以街道党工委主导、均瑶主办的形式，"合伙"在均瑶国际广场创办"同舟汇"党群服务站。2019年12月，"同舟汇"党群服务站揭幕的时候，王万金书记邀请时任区委副书记钟晓咏前来揭幕，给了我们莫大的鼓励。陈永坚书记多次邀请我共商区域党建工作，在均瑶集团纪念建党一百周年的大会上，主持发布《均瑶党建工作标准手册》，调任徐汇区市场监督管理局领导岗位后，仍然在营商环境方面多次安排市场监督管理局同志来座谈听取企业意见。苏小超书记多次参加均瑶集团党委干部民主生活会和其他重要会议，在会上对我们的党建工作做了点评，同时对下一步工作提出要求，他安排枫林街道分管党群的领导参加每年召开的党建活动和工会活动，疫情期间优先在均瑶国际广场安排防疫站点。枫林街道党工委副书记、枫林社区党委书记沈佩青经常性上门指导工作，配置"同舟汇"党群服务站装备。沈佩青转任枫林街道主任后，继任的解蕾同志、张永航同志在安排疫情防控和党员培训工作方面都尽心尽力，给我留下了很深刻的记忆。

感谢媒体。从中央媒体到地方媒体以及专业媒体，都对均瑶集团的发展和党建工作给与了极高的关注和鼓励。从成立之初的"寻找党员"到"级别最高"，为我们签注着美好的"标签"，记录着我们前进的步伐踪迹。

上海市委组织部副部长、市社工委书记孙甘霖多次上门指导工作，2019年，我们筹备"党校"的时候倾心指导，疫情期间委托分管的处长多次来电话了解公司业务经营情况。上海市委组织部部务委员、上海市社工委副书记徐树杰多次上门调研，精心指导党建工作。徐汇区委统战部、工商联领导亦多次来指导。在中央社会工作部部长吴汉圣同志调研上海均瑶集团的时候，市委常委、组织部长张为一同调研，孙甘霖、徐树杰、刘琪陪同调研，并不时从分管的角度，向吴汉圣同志介绍均瑶集团的业务发展和党建情况。

上海市社会工作党委五任书记许德明、施南昌、崔明华、陆晓春、孙甘霖同志以及社工委的诸位同志们，长期指导均瑶集团党委夯实党建基础，建设牢固的党建阵地，不断推进"党建强、发展强"。在直接管理均瑶集团党委的 15 年间，每年安排主要党委干部到革命纪念地参观学习，每季度召集直属管理党委负责人交流情况，对工作进行点评，及时总结经验，不断迈向新的目标。在社工委的带领下，均瑶集团党委养成了政治自觉，一直注重打好基础，制定党建工作法和建章立制，注重对党建阵地的建设和培育。每当我想起来，心中总会涌起一股暖流，久久回荡不退。

在均瑶集团党委在党员经常性教育、吸取党建理论营养指导实践的时期，上海市委党校资深教授袁秉达上门对首批骨干教师作了"怎样上好党课"的业务培训；市委党校教研处处长、教授、博导周敬青为"均瑶党建实训学校"作了开办第一课；上海交大马列学院教授全林邀请我参加党建论坛，指导我写作党建论文，是难得的良师益友；《党建通讯》资深编辑邱素琴多次指导修改论文，提出好多具体意见使我受益匪浅。原上海市委组织部副部长、上海市智库首席专家冯小敏鼓励我将均瑶集团党委党建经验尤其是"均瑶党建工作法"深入总结阐述，建议我撰写文章在党刊上系列刊登，让更多的党务工作者分享——还有很多专家学者的指导和鼓励在这里不一一赘述。在这些学者教授的帮助下，均瑶集团党委克服了"浅尝辄止"的短板，努力思考并发掘具体实践的普遍性意义，每年都在重要党建刊物发表研究文章，弥补了民营经济领域党建案例研究不足的遗憾。

均瑶集团党委前三届，是党委工作从幼稚期走向成熟期的路程，留下了历届党委委员的辛劳汗水与成长足迹。既是与企业一起成长，又是与党建工作一起成长。史飞同志在筹备期间跟我一道去人民大道 200 号递交党组织筹备报告和申请党委成立的请示；庞凌云同志跟我一道去上海最早成立民营企业党委的新高潮集团调研学习；朱建荣副书记从财务管理的角度对增强党委的管理和效率提出了很多建议；谷增光副书记发挥优势，启动了集团首届职工运动会；胡爱军委员带队对业务单元主要干部的年度访谈，并起草了干部访谈制度化的文件；侯福宁委员、徐俭委员都是善于讲党课的业务带头人，他们既是所在单位的主要领导，又是"均瑶党建实训学校"的首席教师；纪广平委员担任过吉祥和九元两家航空公司的党委书记；倪军委员和张胜铭委员工作在无锡，每次到上海参加党内会议都是凌晨出发，会议结束后匆匆赶回去；华栋委员长期担任吉祥航空专职副书记岗位，任劳任怨、尽心尽力；李建斌委员在分工的工会主席岗位上完善了工会的议事制度，使得工会工作更加规范；范永进副书记研究并促进了企业重组后的企业文化建设；赵宏亮副书记分管吉祥航空党建工作每年都有新亮点，王均豪同志主导均瑶健康，上市与党委成立同步，真正做到业务与党建共同促进。与党委同志们的共事经历，历历在目，难以忘记。

在完成了《走过最后一公里：一位民企党委书记的工作笔记》一书的撰写后，回首整个研究和写作过程，内心感慨良多。这本书不仅是我对均瑶集团党建工作的一次全面梳理和总结，更是对民营企业党建工作的一次深入思考和探索，由此构建了系统的党建工作理念和实践方法，即本书最后所呈现的民营企业党建"均瑶场景图"。

我一直深感民营企业党建工作的重要性、紧迫性和复杂性。作为民营企业的代表，均瑶集团在党建工作方面取得了显著的成效，这离不开集团领导的高度重视和大力支持，也离不开广大党员、员工的积极参与和共同努力。均瑶集团的党建工作不仅注重党组织的建设和管理，更注重将党建工作与企业发展紧密结合，实现党建与企业发展的良性互动。

　　我深刻体会到，党建工作不是孤立的，它与企业的发展、员工的成长、社会的和谐息息相关。均瑶集团通过加强党的建设，不仅提升了企业的凝聚力和战斗力，也为企业的发展提供了有力的政治保障。同时，集团还注重将党建工作与企业文化建设相结合，通过党建活动的开展，增强了员工的归属感和认同感，促进了企业的和谐稳定。

　　本书写完后，我对民营企业党建工作的发展前景更加充满信心了。我坚信，在党的领导下，在广大民营企业党组织的齐心协力下，民营企业党建工作一定能够取得更加显著的成效。

　　最后，我要向出版社的编辑及全体工作人员表达最诚挚的感谢。他们为本书的出版倾注了无数心血与努力，正是得益于他们的鼎力支持与辛勤付出，这本书才得以顺利面世，与读者相见。

　　对于在写作过程中难免疏漏的朋友，我深表歉意，对他们的付出会铭记于心！

　　希望本书的出版和发行，能够引起更多人对非公企业党建工作的关注和思考，为非公企业党建工作的创新发展提供有益的借鉴和参考，成为推动非公企业党建工作发展的一股强劲力量。

2024 年 8 月

作者简介

陈　理　1955年生，温州人，1972年参加工作，2003年从山水灵秀的东瓯来到海纳百川的国际大都市，成了"新上海人"。

人生的通途是从进入市委机关报当记者开始的，得18年调查研究的职业滋养。从事非公有制企业党务工作20年，取得了当初设定的三满意：上级党委满意、业主满意、群众满意。

依靠三要素：跟对人、做对事、做成事——为了追求一个像样的交代，全部精气神投入到国际大都市民营企业党建工作实践和探索，终于从"菜鸟"变成了"行家"！

20年来，我与均瑶企业共成长！

荣　誉

★ 上海市优秀党务工作者
★ 上海市优秀思想政治工作者
★ 上海市"两新组织"优秀党员

★ 均瑶集团百年老店优秀建设者

兼 职

★ 全国工商联党建专业委员会委员

★ 上海市两新组织党的二十大精神"百师百讲"巡讲专家宣讲团成员

★ 中国浦东干部学院现场教学兼职教师

★ 贵州遵义市委党校兼职教授

★ 上海市民营经济研究会副会长兼党建工作委员会主任

★ 上海市延安精神研究会副会长

★ 上海浙江商会党建联席会轮值理事长

★ 徐汇区民营企业总部经济党建联盟理事会理事长

编 写

★《均瑶集团党建工作指导手册（2008 年）》

★《均瑶集团党建工作执行手册（2016 年）》

★《均瑶集团党建工作标准手册（2021 年）》

★《上海基层党的建设系列研究（2008 年）》

★《创 30 年 立百年：创业卅年纪念（2021 年）》

★《金言细语：优秀企业家讲话记录（2019 年）》

★《疫声召唤：疫情下的民企行动（2021 年）》

★《洛郎样本：一家民营企业扶贫实录（2021 年）》

★《均瑶集团廿周年年鉴（2011 年）》

★《均瑶集团企业文化手册（2008 年）》

★《品牌建设发展报告（2023 年）》